好团队是带出来的

团队管理的49个关键

吕国荣　邹华英◎著

中国纺织出版社有限公司
国家一级出版社
全国百佳图书出版单位

内 容 提 要

小成功靠自己，大成功靠团队。本书从带领和管理团队的具体方法入手，全面系统地阐述了团队管理的关键因素和实战细节，包括识人、用人、留人的学问，明确目标与规则，有效沟通，协作共赢，合理授权，引入竞争机制，化解冲突等，向读者提供了一套实用的操作性指导，以具体和有效的方法帮助读者打造自己的高绩效团队。

图书在版编目（CIP）数据

好团队是带出来的：团队管理的49个关键 / 吕国荣，邹华英著. --北京：中国纺织出版社有限公司，2020.4
ISBN 978-7-5180-7161-6

Ⅰ. ①好… Ⅱ. ①吕… ②邹… Ⅲ. ①团队管理 Ⅳ. ①C936

中国版本图书馆CIP数据核字（2020）第027484号

策划编辑：于磊岚　　特约编辑：弟增智
责任校对：王蕙莹　　责任印制：储志伟

中国纺织出版社有限公司出版发行
地址：北京市朝阳区百子湾东里A407号楼　邮政编码：100124
销售电话：010—67004422　传真：010—87155801
http：//www.c-textilep.com
E-mail：faxing@c-textilep.com
中国纺织出版社天猫旗舰店
官方微博 http://weibo.com/2119887771
三河市宏盛印务有限公司印刷　各地新华书店经销
2020年4月第1版第1次印刷
开本：710×1000　1/16　印张：13
字数：135千字　定价：48.00元

前 言
PREFACE

团队是由为同一目标奋斗而共同合作、技能互补、相互承担责任的成员组成的一种组织形式。一个好的团队可以把企业中不同职能、不同层次的人集合起来，找出解决问题的最佳方法，形成强大的战斗力。

有调查显示，登上《财富》榜单的世界500强企业中有一半或者一半以上的员工在团队中工作。今天，团队的运作方式已经蔓延到几乎所有的组织中，一大批觉醒的企业正在不遗余力地致力于高绩效团队建设。

一个高绩效的团队是当今发展日新月异的社会所必需的。只注重提高员工的个人能力而没有有效团队合作的企业，在竞争日益加剧的今天已岌岌可危了，只有靠团队的协调默契形成强大的团队合力才能在未来的竞争中立于不败之地。团队精神成为许多企业极为提倡的一项员工优良素质。《财富》榜单的世界500强中超过一半的公司在自己的网站中宣传团队合作是自己的核心价值观。

团队建设能聚集集体的力量，把所有的组织成员的才能都充分发挥出来，以1+1＞2的效果完成组织的任务目标。

“在现代工业社会，单枪匹马赤手空拳打天下的神话已不复存在，孤胆英雄越来越难以成功，即便是过去被认为主要是由单独的个体从事的领域，现在也都变成一种团体合作的事业。”美国钢铁公司总裁本杰明·弗尔莱斯如是说。合作是企业管理者与员工的精神结盟。

比尔·盖茨曾经说过："团队合作是一家企业成功的保证。不重视团队合作的企业是无法取得成功的。"

有科学家做过实验，在有团队精神的团体、企业里，如果员工的智商只有100的话，那么在这个团队里面，整体的智商会超过120，甚至更高。如果没有团队精神，那么这个企业、这个团队即使员工的智商超过100，把这些人组合在一起，整体的智商也就在60～70，这充分说明了团队精神的重要性。有了团队精神，企业就可以不断发展。一个大而强的企业要靠团队精神支撑。精诚合作的团队精神是企业成功的重要保证。

随着市场经济进程日益加快，市场竞争将会更加激烈，而市场竞争的核心武器就是你是否拥有一支高效的团队。

时下，许多企业组织的领导者都在大声疾呼：我们越来越迫切需要更多、更有效的团队来提高我们的士气。现代企业管理也越来越重视团队建设和团队管理。团队管理是现代管理新理念中的核心理念之一，团队管理就是作为团队管理者的领导把零散的员工凝聚成一个不可分割的有机的团队的过程，团队管理的结果是让有限的人力资源产生更高的工作效率。

小成功靠自己，大成功靠团队。本书从带领和管理团队的具体方法入手，全面系统地阐述了团队管理的关键因素和实战细节，包括识人、用人、留人的学问，明确目标与规则，有效沟通，协作共赢，合理授权，引入竞争机制，化解冲突等，向读者提供了一套实用的操作性指导，以具体和有效的方法帮助读者打造自己的高绩效团队。

作者

2019年12月

目录
CONTENTS

第六章 要引入竞争，也要化解冲突

第七章 提升自身领导力

第八章 加强团队文化建设

第一章 识人、用人、留人是门大学问

1.世界上没有完美的个人，只有完美的团队

盛大网络公司董事长兼CEO陈天桥曾经是《福布斯》中国大陆富豪排行榜前三名。在这个崇敬英雄的时代，仅用了不到五年时间，陈天桥所拥有的财富与成就令人炫目，人们不禁要问他是如何成功的？

在中央电视台财经频道的《对话》节目里，陈天桥曾作为嘉宾接受采访，并道出自己成功的秘密——那就是团队的力量。盛大公司原来创业初期的五人团队，现在一个都没有少，而且都在决策层。当谈到团队精神时，陈天桥感慨如果没有一个互相信任、高效协作的团队，只凭个人的力量，即便自己表现得再完美，也很难创造很高的价值，盛大也走不到今天。

世界上没有完美的个人，只有完美的团队。每个人成功都是靠别人、靠组织，而不是靠自己，自己的力量是非常小的。

团队完美了，个人才能完美

几乎每一个企业都有个非常强势的领导者，个人能力很强，但并不是每一个企业最终都能取得成功，为什么会是这样？原来是有些管理者在管理工作中，喜欢靠个人的力量去打天下，结果导致失败。有这样一个小故事：

某公司有两位刚从技术工作岗位提升到技术管理职位的年轻管理者：A

经理和 B 经理。

A 经理觉得责任重大，技术进步日新月异，部门中又有许多技术问题没有解决，很有紧迫感，每天刻苦学习相关知识，钻研业务技术文件，加班加点解决技术问题。他认为，问题的关键在于他是否能向下属证明自己在技术方面是如何的出色。

B 经理也认识到技术的重要性和自己部门的不足，因此他花很多的时间向下属介绍自己的经验和知识；当他们遇到问题，他也帮忙一起解决，并积极地与相关部门联系和协调。

三个月后，A 经理和 B 经理都非常好地解决了部门的技术问题，而且 A 经理似乎更突出。但半年后，A 经理发现问题越来越多，自己越来越忙，但下属似乎并不满意，觉得很委屈。B 经理却得到了下属的拥戴，部门士气高昂，以前的问题都解决了，还搞了一些新的发明。

很明显，A 经理不是一个成功的管理者。一个人、一个公司、一个团队莫不是如此。如果只强调个人的力量，你表现得再完美，也很难创造很高的价值。

正如智利桑达公司的总裁安德烈·那瓦诺所说的那样：“单打独斗的时代已经过去了，这个世界已经变得过于复杂。只有大家的通力合作才能完成工作。”

微软公司总裁比尔·盖茨，是一个管理天才、计算机天才，但他的成功还是靠团队来取得的，而不是靠个人的能力。

在现代组织中，没有完美的个人，只有完美的团队。最完美的个人恰恰是最失败的个人。只有团队完美了，个人才能完美。所以，在企业里，要提倡团队英雄意识，而不是个人英雄主义。

时代需要英雄，更需要伟大的团队

合作的重要性在以企业为竞争主体的市场经济条件下表现得越来越明显和充分，“时代需要英雄，更需要伟大的团队”。

美国众多职业篮球队之所以经常赢得各种比赛的冠军奖杯，关键在于这些球员有一种团队意识。他们在千变万化的球场，愿意在必要的情况之下，牺牲个人得分的机会，在次次奏效的妙传当中，表现出大公无私，协调合作的团队精神。正因为全队共进退，大幅提高了得分率，所以球队才会获得胜利。

一个优秀的球队之所以不同于普通球队，就在于球员相互关切、配合默契，这就是团队精神。如果球队里充满了这种精神，这个球队一定可以稳操胜券。

有一个企业家曾拿打篮球的道理，来强调团队合作的重要性。他认为企业要发挥集体力量，就要以企业的团队精神做基础，如果每个人只求个人表现，忽视团队精神，那么就如同打篮球，个人再艺高技强，如果整个球队不能协同一致，是很难获得胜利的。

相传佛教创始人释迦牟尼曾问他的弟子：“一滴水怎样才能不干涸？”弟子们面面相觑，无法回答。释迦牟尼说：“把它放到大海里去。”一个人再完美，也就是一滴水；而一个优秀团队就是大海。

一个高效的组织，包括企业，不但要求有完美的个人，更要求有完美的团队。只有完美的团队才能发挥出个人最大的潜能，创造最大的价值！

唯有建立了健全团队的企业，才能在竞争中立于不败之地。

2. 把恰当的人才放在团队中最恰当的位置上

市场竞争说到底是人才的竞争，人才已成为企业最宝贵的财富。恰当的人才在团队中能否被放在最恰当的位置，发挥最大的作用，也决定着一个团队战斗力的强弱。所以，如何识人、用人是领导者最重要的一项功课，不论是团队的领导，还是中层领导，都应该把这项功课作为一门必修课。

让合适的人做合适的事

企业的人才就像企业生产产品所需要的材料一样，需要十分合适，如果所选的人才不合适，是无法满足企业需要的。

让合适的人做合适的事，才能有效突出人才的能力，否则就很难达到目的。我们知道，一个人的能力是有限的，某人在某方面表现很好并不表明他也能胜任另一项工作。

比如：一个工程师在开发新产品上也许会卓有成就，但他并不适合当一名推销员；反之，一名成功的推销员在产品促销上可能很有一套，但他对于如何开发新产品却一筹莫展。

同样道理，正如我们不能依靠排球运动员去操办一场超级排球大赛，也不需要研究新药的专家去当药品销售商一样，不能因某人在某个行业的名气地位就认为他也能做好另一项专业的工作，这个道理对任何行业选拔录用人才都是适用的。

所以，在选聘人才时，应考虑其工作能力是否与职位的要求相匹配。只有选择适合职位要求的人才才能为企业创造价值。

汽车大王帕尔柏刚开辟自己的汽车代理业务时，曾为自己的公司聘请了一位大汽车制造公司的管理人员来负责汽车的统销业务。

对汽车来说，这位管理人员的知识可以去当一名大学教授。但遗憾的是，这位管理人员对汽车的销售、销售人员的管理、如何控制不必要的销售费用、营销策略方面的知识一窍不通。由于他来自生产厂家，习惯于汽车生产管理，对在销售中如何与厂方据理力争，抓到畅销车的货源缺乏主意，最终使帕尔柏希望落空。

后来，他另聘一位善于经营销售的人，该人十分了解汽车销售行情，推销中有自己独特的见解，更注意费用的核算，不会人云亦云，这种具有销售工作能力的人，为帕尔柏赢得了成功。

管理者招人不是抓住一个是一个，关键要看他是否符合自己的需要，是否和自己对路子。否则，那些被招来的人就会成为管理者的包袱。

日本有一句话：“适合身份。”意思就是公司要以经营政策为前提，雇用身份合适的人。由此可见，让合适的人做合适的事对一家企业有多么重要。

彼得斯指出：雇用合适的员工是任何公司所能做的最重要的决定。他把管理工作概括为“让合适的人去做合适的事”。如果雇用了一些不合适的人，你就别指望他们能把该做的事做好了。

让合适的人做合适的事，人尽其才，不仅能有效发挥人才的价值，还能有效提高员工的工作能力，这对企业和员工都是件十分有益的事。

用人之长，去人之短

管理者用人的根本原则是“扬长避短，唯才是用”，因为在团队中人人都有其短，也都有其长，要挑一个有长无短的人，是根本不可能的。这就要求管理者做到用人之长，去人之短。

在工作单位，A热情快乐，所以找他办事的人非常多，但他什么都不在乎，丢三落四，没有好好管理账务，所以入不敷出。而B虽然管账是一把好手，但成天阴着个脸，太过严肃，搞得来谈生意的人越来越少。

管理者发现了这个问题，就让A负责公关，笑迎八方客，而B铁面无私，锱铢必较，让他负责财务，严格把关。在两人的分工合作中，工作单位一派欣欣向荣的景象。

管理者注意发挥A和B的长处，一个企业可以这样，一个团队也可以如此。人各有所长，也各有所短，人无完人，这是人所共知的。如何发现人的长处，从而发挥其长处，避免其短处，做到知人善任，这是一门管理艺术，能够充分显示管理者的管理能力。

每个人都有长处，管理者要善于发现每一个人的长处，并使他们向着一个目标努力，这样就一定能成功。

把恰当的人才放在恰当的位置上

从管理学的角度来看，任何人都是可用的，关键是看把人放在什么地方。把人放错了地方，是金子，你也会感觉他像石头，如果你把一个天才摆在不恰当的位置，天才也不可能称其为天才了。在很多团队里，一些人并没有做出自己应有的成绩来，其重要原因之一，就是没有机会从事自己喜欢的工作，或者是才能无法发挥。

比如，一个人特别具备战略才能，你却让他主要从事一些事务性的工作，他就可能有意见，如果改变思路，让他做一些规划性、研究性的工作，或许他很喜欢，也能够发挥好。在现实中，有很多上司对下属更多的是“使唤”，而不是用人，安排下属做什么，最看重的是下属是否很听话地完成，而不管这个事情本身是否适合让这个下属去做。一旦下属不听话，被认为是桀骜不驯，就要进行打压，这是一个误区。关键是把人才用到合适的地方、合适的岗位上，也就是人才要与职位、与工作匹配，因才利导，才能使人才价值最大化。

1981年，戴维·马克斯韦尔开始担任Fannie Mae公司（美国最大的房屋抵押贷款公司）的CEO。当时，该公司平均每天亏损达100万美元，有560亿美元的贷款无法收回。董事会期待着马克斯韦尔有什么新的战略。

和其他卓越公司的领导人一样，马克斯韦尔认为，首先要解决“人”的问题。他告诉董事会，“先把恰当的人安排在合适的位置，否则就是完全错误的”。

马克斯韦尔对整个管理团队说，公司只给那些追求卓越的员工留位置。为此，他把恰当的人才安排到恰当的位置上，此后，马克斯韦尔开始了他的行程，将注意力完全放在“做什么”的问题上。他和他的团队最终把Fannie Mae公司由每天亏损100万美元变成了每天盈利400万美元。即使是在1991年马克斯韦尔离开之后，团队依然在推动着这个飞轮运转——1984～1999年间，Fannie Mae公司的股票的回报率达到市场平均水平的8倍之多。

一个善于用人、善于安排工作的领导者就会在管理上少出许多麻烦，其对于每个员工的特长都了解得很清楚，也尽力做到把他们安排在最恰当的位置上。

俗语说："三人行，必有我师。"人各有所长，能善用其所长以处事，必可收事半功倍之效。成功的团队管理者用人的重要原则之一就是适才适所，也就是说，"把恰当的人才放在恰当的位置上"。

3.将团队目标层层分解到个人，让个人目标成为团队目标的一部分

一个优秀的团队，必然会制定一个合理的目标，再把这个目标分解成一系列的子目标，并将目标层层分解到个人，让个人目标成为团队目标的一部分，让每个团队成员都感觉在为一个团队工作，最大限度地发挥每个人的最大效用。

有这样一个故事：

一位老师将一捆圆木条捆在一起，对学生们说："你们试着尽自己最大的努力，把这些木条折断。"于是，全班二十几个男生一个个费尽了力气，也没有把这捆圆木条折断。这时，走出一个女生，她不声不响拿过了这捆木条。然后找出一把小刀，将捆木条的绳子划断，将木条一根根地分给了女生，女生们用力将木条折断。老师鼓掌，男生们也醒悟过来，跟着报以热烈的掌声。

木条捆在一起不容易折断，但若分成一根一根则很容易折断。企业目标推进也是这个道理，把总目标分解，分成不同的阶段，并从中细化，分到部门、班组、员工身上，通过员工个人目标的实现来推动团队总目标的达成。

同时，员工在工作中不断地完成小的目标后，就会产生信心，这样可以激发他们的积极主动性，勇敢地向一些富有难度的工作挑战。

大目标的实现需要小目标的不断实现而最终实现。在决定团队目标以后，尽可能地对团队目标进行阶段性的分解，将目标分解开来，化整为零，变成一个个容易实现的小目标，然后将其各个击破。这不失为一个实现终极目标的有效方法。

1984年，在东京国际马拉松邀请赛中，名不见经传的日本选手山田本一出人意料地夺得了世界冠军。当记者问他凭什么取得如此惊人的成绩时，他说了这么一句话：凭智慧战胜对手。

当时，许多人都认为这个偶然跑到前面的矮个子选手是在故弄玄虚。马拉松赛是体力和耐力的运动，只要体力好又有耐力就有望夺冠，爆发力和速度都还在其次，说用智慧取胜确实有点勉强。

两年后，意大利国际马拉松邀请赛在意大利北部城市米兰举行，山田本一代表日本参加比赛。这一次，他又获得了冠军。记者又请他谈经验。

山田本一性情木讷，不善言谈，回答的仍是上次那句话：用智慧战胜对手。这回记者在报纸上没再挖苦他，但对他所谓的智慧迷惑不解。

10年后，这个谜终于被解开了，山田本一在他的自传中是这么说的：每次比赛之前，我都要乘车把比赛的线路仔细地看一遍，并把沿途比较醒目的标志画下来，比如第一个标志是银行，第二个标志是一棵大树，第三个标志是一座红房子……这样一直画到赛程的终点。比赛开始后，我就以百米的速度奋力地向第一个目标冲去，等到达第一个目标后，我又以同样的速度向第二个目标冲去。40多公里的赛程，就把我分解的几个小目标轻松地跑完了。起初，我并不懂这样的道理，我把我的目标定在40多公里外终点线上的那面旗帜上，结果我跑到十几公里时就疲惫不堪了，我被前面那段遥远的路程给吓倒了。

设定一个正确的目标不容易，实现目标更难。管理者可像山田本一那样，把遥远的大目标分成一个一个的小目标。相对于大目标来说，小目标是成绩的最好显示器。

这样的小目标只要团队成员认真努力去做，便可以达到。这样把一个宏伟的目标分解成多个里程碑，然后一个一个实现它们。一个切实可行的短期目标可以使团队成员不再观望和迷茫，取而代之的是积极参与到团队的工作中。因为目标能给成员一个看得着的射击靶，随着成员自己的努力可以实现这些目标，这是很有成就感的。就像著名行为学家弗雷德里克·赫茨伯格所说的那样：人们受到一些小成就的影响，就会想着达到更大的成就。

4.分析团队每个成员所扮演的角色

团队中每个成员所扮演的角色各有不同，就是说，一个团队总是由不同的角色组成的。

《西游记》中，唐僧、孙悟空、猪八戒、沙和尚去西天取经的故事，大家都耳熟能详，许多人会被这个群体中四位性格各异、兴趣不同的人物所感染。为什么这四个在各方面差异如此之大的人竟能融在一个群体中，而且能融洽相处，一块去西天取经？难道这真是神灵、菩萨们的旨意，而绝非凡人力所能及吗？

其实，这四个人分别扮演了不同的角色。唐僧起着凝聚和完善的作用，孙悟空起着创新和推进的作用，猪八戒起着传递信息和监督的作用，沙和尚起着协调和实干的作用。

这个由不同角色组建的团队，虽然也有分歧、有矛盾，但是，他们有着共同的目标和信念，那就是去西天取经。在关键时候他们总能相互理解和团结一致，最后形成了一个有力量的团队。

团队中的每一个角色都很重要

公司作为一个团队，是由担任不同角色的成员组成的。团队角色理论是英国管理学家梅雷迪斯·贝尔宾博士提出的。他通过对上千个团队的观察，发现在一个团队中，每个成员都具有双重角色。其一是职能角色，是工作赋予个人的“任务型”角色；其二是团队角色，是由个人气质、性格所决定，在工作集体中经常自然流露的“协作型”角色。通过大量深入的实证研究，贝尔宾博士分析筛选出八种角色，确认此八种角色对于构成一个有效团队是不可缺少的。这八种角色是：实干家、信息者、协调者、监督者、推动者、凝聚者、创新者和完美主义者。

在团队中，不同的角色都有着不同的优缺点，没有一个角色是完美无缺的。团队中每一个角色都是优缺点相伴而生的。

比如创新者，其优点是有智慧，思想活跃，爱出点子，是谋略型的人；但他的缺点是不太注重点子的可行性，易自我欣赏，个性强，不愿守规则。

对八种不同的角色的研究表明：每一种角色的作用是不同的，但他们的工作推动着团队走向完美。

这八种角色，每一个都很重要，相辅相成，互补互助。一个人不可能完善，但团队可以。尊重团队角色差异，团结合作才能弥补不足，用人之长，容人之短。企业只有具备这种团队精神，才能发挥出最大的效益。

让每一位成员的才能与角色相匹配

每个团队成员必须具备履行工作职责的能力，并且善于与其他团队成员合作。只有这样，每一位成员才会清楚自己的角色，清楚自己在每一个职能流程中的工作位置以及上一道工序和下一道工序；也只有这样，每一个进入团队的人，才能真正成为一个合格的团队成员。如果做到了这一点，成员们就能根据条件的需要，迅速行动起来，而不需要团队领导下命令——换言之，团队成员能根据工作的需要自发地做出反应，采取适当的行动来完成团队的目标。

例如，在医院的某个手术小组，如果在某个环节上，没有人在适当的时间按适当的要求去履行职责，病人就会有危险。同样的道理，公司为客户提供的服务质量也会由于某个人的失职而无法保证。

所以，高效率的团队需要每一位成员的才能都能够与角色相匹配，并要求所有的人都全力以赴。

在一个高效率的团队中，每个成员都被指派扮演一定的角色，而这个角色能将成员的天赋发挥至极，当每个成员都能整合自己的技能且充分发挥出来时，基于良好合作产生的团队力量就会大大增强，从而促成个人目标与团队目标的达成。

5. 合理搭配人才，注重优势互补，实现团队1+1>2的整体功效

在硅谷有这样一个“规则”流传得很好：有两个MBA和MIT博士组成的创业团队几乎是获得风险投资人青睐的保证。只因为里面蕴含着这样一个真理：一个优势互补的创业团队对于高科技企业举足轻重，研发、技术、市场、融资等各方面组成的一流的合作伙伴是创业成功的法宝。同时也说明了这样一个道理，一个团队在成立之初就需要有良好的组合，如果组合搭配不好，则会影响团队整体的效率。

在竞争日趋激烈的今天，企业要合理搭配人才结构，注重人才优势互补，才能实现团队1+1>2的整体功效。

人才只有合理搭配，才能整合团队力量。一个人即使再能干，其个人的力量终究是有限的，领导在选人用人和构建团队时，要认真研究个体，通过合理搭配，发挥出整体效益。常常遇到这样的情况：虽然有的团队成员个人能力都很强，但整体力量并不见得就好。这样的团队往往因为彼此不服气，配合不默契，形成内讧，工作难以顺利开展。而有的团队看起来成员间能力参差不齐，各有长短，但由于做到了优势互补，配合默契，工作中常能取得好成绩。团队构建就像下棋，有的是坚韧不拔的“马”，有些像勇往直前的“车”。各有各自的特点，各有各自的道路。

一盘融进万千智慧的象棋，如果只用“车、炮、将”，而去掉“士、马、象、卒”等棋子，那象棋的趣味性自然失色不少；一台有声有色的大戏，既需要梅兰芳式的大师，也需要跑龙套的小配角儿，如果整个戏班子都由梅兰芳组成，那非演乱套不可。

一个团队里，既要有技术人员，又要有管理人才，既要有知识面广的通才，又要有专业精深的专才；既要有经验丰富、稳重老练的老员工，又要有精力充沛、思想敏锐的年轻人。这样，员工们可以做到能力互补，相互配合，完成各项不同的任务，实现多种目标。

在当今世界，任何一项事业都不可能由单个人完成，都需要团队力量，需要由各种专长、各种层次、各种性格、各种特点的人才组成。

所以，在一个团队里，不在于人才的多少，也不在于人才的水平高低，而在于相互配套，这就是我们所说的整合。一堆机械零件和螺钉，堆在一起只能算作一堆废铁，但是如果能把这些零部件组装成一台机器，那它的价值将有质的飞跃。

一部机器的运转需要靠每一个零部件的协调合作共同完成，同样，一个团队水平的提高，也要靠全体员工的分工合作共同努力来实现。团队的功能是整体性的，它的作用是作为一个整体通过所有成员的协作来体现的，所以，配备团队成员，必须从“装整机”出发而后才是“选零件”。

从团队整体效能出发挑选人才，才能使每个成员更好地成长和发展。每个员工都有他自己的相对优势，即各人的特长。如果不从需要通盘考虑，不是按需择优，那么即使再优秀的人才也难以发挥其作用，甚至会表现得非常平庸。

对团队的人力资源进行整合要着眼于整体效应，要考虑每个成员在构成团队时，彼此的性格、年龄、能力等要素是否匹配，结构是否合理，是否有利于组织目标的实现。实质上，就是要按照团队合理结构的要求正确地挑选和配备。有时候，领导者虽然花气力招揽了一批优秀的人才，但却往往因为调整搭配不当而前功尽弃。虽然重视了团队成员个体素质的提高，但却因为或多或少地忽视了组织群体合理结构的配套而使内耗重重，力量抵消。例如，团队中女性过多，则可能生出许多是非；年轻人太多，则可能不够沉稳容易冒进等等。

诚然，任何一个企业的内部，都不全是经与纬、主角与配角、将才与帅才、横与竖、动与静的完美结合，但彼此是分不开的，他们是互补的且相互维系的。骏马能日行千里，但是耕地却不如牛；精英未必就能组成一个协调精干的集体。所以，一个恰当的企业团队的成员其智能既要高，又要互补，这样组成的企业团队才能和谐合理，才能提高团队的整体作战能力。

团队中有各种不同类型的人，如动力型、开拓型、保守型、外向型、内向型等等。而每个人又有各自独特的，他人无法代替的优势和长处，当然各人也都有弱点和短处。将每个人的优势长处，根据工作实际合理地搭配起来，优势互补构成有机的整体，大家团结一致齐心协力，就能发挥最佳的整体组合效应。

6.留住并用好团队中的核心员工

任何一位团队领导，在管理生涯中都会遇到这样的事情，某一天你的一位员工找到你说："能够为你工作，和这里的人共事，我真的很开心，但下个星期一，我去另一家公司工作。这跟你没有关系，跟这里的工作环境也没有关系。我只是觉得，换个地方能有更多的机会提高自己。"

你可以微笑着祝他顺利，并告诉他，要是他回来工作的话，你会乐意考虑的。但是，你的微笑并没有真正反映你真实的情感，因为类似这样的事已经并会继续发生。

在今天，人才流动速度越来越快，但要是其他企业没有做出加高薪或是升高职的承诺，却还是把你的优秀员工给挖走了，这就可能真的是一个警钟了。如果导致人才流失的原因不是金钱，不是更高的职位，那又是什么呢？这个问题，作为管理者要好好想想了。一个公司要向前发展，一个团队要创造业绩，离不开优秀人才的加盟，这样才能成就大业。

不管在一个什么样的团队或组织里，总有些员工属于关键性人物，他们对企业战略目标的实现起着不可或缺的作用。他们就是"关键员工"或者说"核心员工"。关键员工的去留和作用的发挥对企业绩效以及未来发展均具有举足轻重的影响。

谁是团队中的核心员工

企业要想吸引和留住核心员工，首先必须知道哪些员工是自己需要的核心人才。一般来说，企业核心员工是指那些拥有专门技术、掌握核心业务、控制关键资源、对企业会产生深远影响的员工。他们一般具有以下特征：创造、发展企业的核心技术，建立和推动企业的技术和管理升级，扩大企业的市场占有和提高企业的经济效益，务实、忠诚、积极和有牺牲精神。

一般来说，企业核心员工会占到企业总人数的20%～30%，他们集中了企业80%～90%的技术和管理，创造了企业80%以上的财富和利润，他们是企业的核心和代表，是企业的灵魂和骨干。

从某种程度上说，核心员工就是那些创造绩效及对公司发展具有影响作用并在某些方面“不可替代”的员工。

打比方说，在一个新产品上市时，公司开辟市场的销售人员就是核心员工，当产品更新换代时，研发人员就是核心员工。另外，现代商战中，对于许多公司来讲，现场客户服务也是公司的核心员工。

核心员工是人才市场上主要的争夺对象，他们“跳槽”的机会最多、可能性最大，他们一旦“跳槽”，对企业造成的损失往往难以估量。

美国微软公司总裁比尔·盖茨曾开玩笑地说：“如果把我们顶尖的20个人才挖走，那么，我告诉你，微软将变成一家无足轻重的公司。”

比尔·盖茨之所以这么说，是因为在一家企业里，核心员工的绩效决定公司业绩的表现，他们建立改善绩效的途径，为企业创造价值。不管在一个什么样的团队或组织里，总有些员工属于关键性人物，他们对企业战略目标的实现起着不可或缺的作用。

因此，企业应明确自己核心员工的名单，并根据实际情况制定有针对性的培养和留人计划。

制定吸引和留住核心员工的具体措施

企业的核心员工一般都为知识型员工，与普通员工相比，他们具有极其鲜明的个性特点，往往把事业看得很重，追求成就感，自主意识强，拥有相对独立的价值观。因此，吸引和留住核心员工是一个系统工程，某管理专家总结了下列四点具体措施：

合理且富有弹性的员工价值定位

知识经济时代，企业的核心员工已不再单纯为生存而工作，他们渴望能力的充分发挥和自我价值的实现，他们与企业更多地体现为合作关系。现代管理者应该深刻认识到企业与员工实质上是一种“双赢”关系：让我们共同创造，我信任你，我尊重你，我们共享成果。一个管理者只有真正认识到人才的重要性，充分承认和体现员工的价值，摒弃“以工作为中心”的管理风格，实施“以人为中心”的管理方式，才能提出有助于员工实现自我价值和组织目标的管理措施，才能真正吸引和留住企业的核心员工。

提供多种升迁和培训的机会，创造员工成长和发展的空间

随着社会物质文化水平的提高，优厚的薪水已不再是企业调动优秀员工积极性的主要手段，其他的如福利、住房补助、员工持股计划等起了一段时间的促进作用后也日趋平淡。企业如何为优秀员工创造一个学习及职业成长的工作环境，如何为员工提供升迁和发展的机会，将成为企业留住优秀员工的关键措施。

在中国，企业任何成功的留才方案都必须包括提供培训机会和定期的薪资评估，企业参考员工的职业发展规划，不断为员工提供学习新知识、

新技能的机会，才有可能打消员工另谋高就的念头。

建立动态的绩效评估体系，提供有竞争力的薪酬水平

核心员工一般都希望自己的能力能够得到充分的发挥，自己的工作能够得到企业的及时认可，在事业上有成就感和满足感。因此，我们需要建立一套完整的员工绩效评估体系，及时对核心员工的工作进行评价。该评估体系必须能够对员工的工作给予客观公正、全面准确的评价，让员工及时了解自己的业绩情况，从而极大地激发员工的工作热情。整个绩效评估体系中最重要的是要建立双向沟通机制，考核的执行者应不断保持与员工的交流，创造一个开放的环境。

薪酬虽然不是激励核心员工的最重要因素，但员工仍希望能够得到与其业绩相符的薪酬，因为这也是衡量自我价值的尺度之一。

培育独特的企业文化，营造和谐的团体氛围

企业文化建设是现代企业管理的一个重要内容，国内外经验表明，成功企业一般都具有优秀的企业文化，企业文化可以使员工确立共同的价值观念和行为准则，在企业内部形成强大的凝聚力和向心力，使员工产生一种自我约束和自我激励的正能量。

7. 把团队成员当作合伙人

“在现代工业社会，单枪匹马赤手空拳打天下的神话已不复存在，孤胆英雄越来越难以成功，即便是过去被认为主要是由单独的个体从事的领域，现在也都变成一种团体合作的事业。”美国钢铁公司总裁本杰明·弗尔莱斯如是说。合作是企业管理者与员工的精神结盟，精诚合作的团队精神是企业成功的重要保证。

山姆·沃尔顿是沃尔玛公司的老板，他总共创办了6000多家商场，在全美各地有将近3000家，其中包括沃尔玛的商场，也包括像山姆会员店这样的批发场所。很多人都想知道他用什么样的方式发展得这么迅速，山姆·沃尔顿讲的秘诀之一就是把你身边的每一个员工当作合伙人。他说：当你把员工当作合伙人时，他们表现得就像合伙人一样，会真心地为你的顾客着想。

沃尔玛为什么把员工称为“合伙人”呢？这与其领导人沃尔顿的个人经历有关。当沃尔顿还是彭尼公司的店员时，老板詹姆斯·卡什·彭尼把他的计时工资员称为“同仁”，也就是“合伙人”，这在沃尔顿的脑海中留下了深刻的印象。

而将此称呼在沃尔玛公司付诸实践的念头却来源于沃尔顿在英格兰的

一次旅行。那次沃尔顿和妻子海伦到温布尔登去看网球赛。一天，他们正在伦敦的一条街上散步，沃尔顿忽然在一家商店的门前停了下来——不管他走到哪儿，总喜欢停下来看看商店。那是J.M. 刘易斯合伙公司。

沃尔顿目不转睛地盯着这家公司的招牌，兴奋地高叫："瞧这招牌写得多棒。"原来，招牌上面列有所有员工的姓名，而管理者与这些员工之间则是一种合伙人的关系。沃尔顿啧啧赞叹不已，告诉海伦："沃尔玛也该这么做。"同沃尔玛所有员工建立合伙人关系，这是沃尔顿年轻时未开零售店前就已有的想法，如今，眼前看到的这一情景更使沃尔顿激动不已。

于是，一回到家，沃尔顿就做出了一项决策——从此把商店员工称为"合伙人"，而不再是员工。

沃尔玛在做出这个决策时，本身就包含了这样一层含义：尽量给员工以更平等的对待，真正建立起一种合伙人关系，而不是像一般人想的那样，只是一种叫法的改变。

沃尔玛把员工作为企业的合伙人来对待，管理者与员工的关系也是真正意义上的伙伴关系。

山姆·沃尔顿提出"关心自己的合伙人，他们就会关心你"，培养员工"爱公司如爱家"的精神。公司对员工利益的关心并不只是停留在口头上或是几条标语式的企业文化理论，而是有一套详细而具体的实施方案。公司将"员工是合伙人"这一概念具体化的政策是三个互相补充的计划：利润分享计划，雇员购股计划，损耗奖励计划。

（1）利润分享计划。公司保证每一个在公司工作了一年以上，以及每年至少工作1000小时以上的员工都有资格分享利润。运用一个与利润增长相关的公式，沃尔玛把每个够资格的员工的工资按百分比归入这个计划，员工们离开公司时可以现金或股票方式取走这个份额。

（2）雇员购股计划。员工可以通过工资扣除方式，以低于市值15%的价格购买股票。现在，沃尔玛已有80%以上的员工借助这两个计划拥有了沃尔玛公司的股票，而其他的20%员工基本上都是不够资格参与利润分享的。

（3）损耗奖励计划。因为损耗是零售业的大敌，沃尔玛控制这一纰漏的方法是与员工们共享公司因减少损耗而获得的赢利。如果某家商店将损耗控制在公司的目标之内，该店每个员工都可获得奖金，最多可达200美元。结果，沃尔玛的损耗只是行业平均水平的一半。而且，它还增加了员工们彼此间的信任感。

沃尔玛一直致力于建立与员工的合伙人关系，并使沃尔玛的160万名员工团结起来，将整体利益置于个人利益之上，共同推动沃尔玛向前发展。

把员工视作合伙人而不是麻木的机器人，可以让员工感觉到管理者不仅是他的上司，更是他的老师和朋友。同时，还可以让员工感到公司不能离开他们，公司需要他们，从而满足员工的自我实现感和被重视感。还有什么能比这更能激发员工的激情，让他们全力以赴地工作呢？

现代管理强调管理者和员工之间的合作伙伴关系，如果你把员工当作合作伙伴，他们就会表现得像合伙人，所以不管员工在公司当中有没有金融股份，领导者都一定要在语言上、态度上，表现得像对待合作伙伴一样热情诚恳，那么员工也会表现得像合作伙伴一样，为团队尽心尽力。

第二章

明确目标与规则

1.确定和实现团队中共同的奋斗目标

在团队建设中，有人做过一个调查，问团队成员最需要团队领导做什么，70%以上的人回答——希望团队领导指明目标或方向。而问团队领导最需要团队成员做什么，几乎80%的人回答——希望团队成员朝着目标前进。

从这里可以看出，目标在团队建设中的重要性，它是团队所有人都非常关心的事情，有人说："没有行动的远见只能是一种梦想，没有远见的行动只能是一种苦役，远见和行动才是世界的希望。"

没有目标就没有方向，一个单位没有明确的目标，每个人就没有奋斗的方向。一个团队不单只是集合一群人而构成，若彼此没有共同的目标、互相认同与互相信任，那就只是形式上聚集在一起而已，如街道上的行人、列车上的乘客、剧院里的观众，与团队概念无关。

团队的目标只有被成员理解和接受，能将完成团队目标当成是自己的目标，并愿意付出行动，团队的目标才会实现。因此，企业要选定一个共同目标，并采取有效策略，凝聚每个员工的思想，使共同目标有足够的吸引力，这是团队建设的第一步。

适时提出团队发展目标

团队的目标是其吸引人才的强磁场，领导者的主要任务之一就是不断地向员工提出目标，凝聚人气，让员工永远充满希望，使团队顺利成长。

确立目标是管理者的重要工作。1969年7月20日，美国宇航员驾驶太空船——“阿波罗11号”成功登陆月球，创下人类历史上具有划时代意义的伟大壮举。

在此之前，登陆月球只是人类的梦想而已。这次登陆月球的成功，可以说是众多科学家和有关人士呕心沥血的结晶。需要指出的是，这项举世瞩目的阿波罗计划，是从1960年美国总统肯尼迪的声明开始的。当时肯尼迪总统向世界宣告，至20世纪60年代末，美国一定要把人类送上月球，从而确立了人类登陆月球的目标，由于许多人的智慧和力量不断地向着这个目标集中，人类登陆月球这一目标终于伴随着“阿波罗11号”的升空而实现，可见确立目标是件很重要的事情。

有目标才有动力，目标确立之后，针对这个目标，有知识的人贡献知识，有技能的人贡献技能，大家心往一处想，劲儿往一处使，才能成就大业。如果肯尼迪总统未曾提出过目标，即使很有才华的人，也有无从发挥之感，各种人才的力量也会因分散而削弱。所以，团队管理者应该基于自己的知识或经验，确立一个最适合团队发展的目标。明确的团队发展目标是调动员工积极性的有效手段，员工越了解团队目标，归属感越强，团队越有向心力。

提出适合企业发展的目标，让员工对未来充满梦想，是松下电器公司总裁松下的重要经营谋略。松下担任松下电器公司社长时，常找机会向员工畅谈自己对未来的设想，1955年宣布了他的“五年计划”，即计划用五年的时间，使松下电器公司效益从220亿美元增加至800亿美元。这种做法不但让员工看到了光明的前景，也震惊了整个企业界，同行纷纷改变政策，向松下电器公司看齐。

松下电器有了发展目标之后，员工士气大振，与松下先生一道，筑起松下电器王国。

适时提出团队发展目标，是团队管理者的重要职责。无论面临何种困境，管理者都要让员工对未来充满希望，给他们以美好的梦想，如果做不到这一点，就不是一个合格的团队管理者。

团队目标一定要清晰明确

没有目标的团队，既不可能持久，也不会有很强的竞争力、战斗力。因此为团队设立一个明晰的目标是十分必要的。曾经有人做过这样一个实验：

组织3组人，让他们沿着公路步行，分别向10公里外的3个村子行进。甲组不知道去的村庄叫什么名字，也不知道它有多远，只告诉他们跟着向导走就是了。这个组刚走了两三公里就有人叫苦了，越往后走人的情绪越低落，溃不成军。

乙组知道去哪个村庄，也知道它有多么远，但是路边没有路程距离标识牌，人们只能凭经验大致估计需要走两个小时左右。这个组走到一半时才有人叫苦，大多数人想知道他们已经走了多远了，比较有经验的人说："大概刚刚走了一半儿的路程。"于是大家又簇拥着向前走。当走到3/4路程时，大家情绪低落，觉得疲惫不堪，而路程似乎还长着呢。而当有人说快到了时，大家又振作起来，加快了脚步。

丙组最幸运。大家不仅知道所去的是哪个村子，它有多远，而且路边每公里有一块路程距离标识牌。人们一边走一边留心看路程距离标识牌。每看到一个路程距离标识牌，大家心里便有一阵小小的快乐。这个组的情绪一直很高涨。走了七八公里以后，大家确实都有些累了，但他们不但没有叫苦，反而开始大声唱歌、说笑，以消除疲劳。最后的两三公里，他们越走情绪越高，速度反而加快了。因为他们知道，那个要去的村子就在眼前了。

这个实验说明当人们的行动有着明确的目标，并且把自己的行动与目标不断地加以对照，清楚地知道自己行进的速度和不断缩小达到目标的距离时，人的行动动机就会得到维持和加强，就会自觉地克服一切困难，努力达到目标。

由此可见，有一个清晰的团队目标是多么重要。

明确具体的目标是指引企业航行的灯塔。有了它，企业之船才能满载货物靠岸。假如这灯塔不是明亮易见的，航船不仅靠不了岸，还有触礁沉没的危险。

如何衡量一个企业的目标是否具体、清晰呢？一个最简单的方法就是员工是否能够真正地知道、理解企业的目标，以及自己的任务。

沃尔玛公司从成立发展到现在，堪称是成功的楷模。它的成功，就是因为它有具体的、明确的、清晰的目标。

在1945年山姆·沃尔顿创立第一家廉价商店时，当时他的第一个目标是“在5年内，使我在纽波特的小店成为阿肯色州最好、获利能力最强的杂货店”。要实现这个目标，这家店的销售额必须增长3倍以上，从年销售额72000美元，增长到25万美元。结果是这家店达到了目标，成为阿肯色州和附近5个州获利能力最强的商店。

沃尔顿继续替他的公司制定惊人而清晰的目标，每过10年就定出一个目标。1977年时，他定出的目标是：在4年内成为年销售额1亿美元的公司（即增长两倍以上）。

当然，这个目标又实现了。他继续替公司定出新的目标，以1990年为例，他定出一个新目标：在2000年前，使公司拥有的商店数目倍增，并且使每平方米的销售额增加60%。

沃尔玛公司的一名董事罗伯特·康恩曾经在一封信中这样写道：沃尔顿清楚表明一个目标，要在2000年前，把商店的数目增加一倍，并且把每平方米的销售额提高60%。更重要的一点（也是大家没有注意到的），他确实定出了1250亿美元的明确目标……

不只是沃尔顿，其他的优秀管理者也都为公司制定了清晰的目标。比如通用电气公司的前总裁杰克·韦尔奇，他最初为GE制定的目标是这样的："在我们服务的每一个市场中，要成为数一数二的公司，并且改革公司，拥有小企业一般的速度和活力。"

团队需要一个明确目标。只有当目标明确后，团队才有了前进的方向；目标明确后，不同的职能部门、不同的员工在工作中才能形成一股合力，从而更好地发挥出企业团队的力量，表现出知识与技能的聚合作用，从而更好地促进目标的完成。

目标不明确，是员工不知道做什么的主要原因。让员工心甘情愿地做事，就是要他们明白要做什么，因此，明确可行的目标非常重要。

2. 创造共同愿景，激励团队追求卓越

人们也许还记得一部取材自罗马奴隶角斗士的电影，名叫《斯巴达克斯》。斯巴达克斯在公元前七十一年领导一群奴隶起义，他们两度击败罗马大军，但是在克拉斯将军长期包围攻击之后，最后还是被征服了。在电影中，克拉斯告诉几千名斯巴达克斯部队的生还者说："你们曾经是奴隶，将来还是奴隶。但是罗马军队慈悲为怀，只要你们把斯巴达克斯交给我，就不会受到钉死在十字架上的刑罚。"

在一段长时间的沉默之后，斯巴达克斯站起来说："我是斯巴达克斯。"然后他隔邻的人站起来说："我才是斯巴达克斯。"下一个人站起来也说："不，我才是斯巴达克斯。"在一分钟之内，被俘虏军队里的每一个人都站了起来。

这个故事的真实性无须考究，重要的是它带来更深一层的启示。这个故事的关键情节在于，每一个站起来的人都选择受死，这是因为这个部队所忠于的，不是斯巴达克斯个人，而是由斯巴达克斯所激发的"共同愿景"，即有朝一日可成自由之身。这个愿景是如此让人难以抗拒，以至于没有人愿意放弃它。

心理学家马洛斯说："杰出团队的显著特征，便是具有共同的愿景与目

标。”成功企业重要的因素之一便是拥有共同的愿景。

共同的愿景是指大家共同分享、共同拥有的愿望景象。一家公司的共同愿景是指该组织中所有成员发自内心的共同意愿。这种意愿不是抽象的，而是具体的，它能够帮助企业的所有成员在工作上达成共识，团结一致，互相协作，共同为企业的使命而奋斗。

世界上，许多成功的企业都有自己的愿景，比如：

3M公司：创造性地解决那些悬而未决的问题。

GE公司：GE永远做世界第一。

惠普公司：为人类的幸福和发展做出技术贡献。

玫琳凯化妆品公司：给女性无限的机会。

沃尔特·迪斯尼公司：让人们快乐。

索尼公司：体验发展技术造福大众的快乐。

沃尔玛公司：给普通百姓提供机会，使他们能买到与富人一样的东西。

华为公司：在电子信息领域实现顾客的梦想，并依靠点点滴滴、锲而不舍的艰苦追求，使我们成为世界级领先企业。

联想集团：未来的联想应该是高科技的联想、服务的联想、国际化的联想。

正是这些企业创造了让所有员工认同的共同愿景，才会激励员工们去共同追求卓越。

美好的愿景永远是对员工最好的激励。愿景越具体，越有激励作用，越能唤起团队成员的积极性。彼得·圣吉博士在其《第五项修炼》中指出："共同愿景能唤起人们的希望，特别是内心的共同愿望。”在实际工作中，巨大的凝聚力可以使员工们心往一处想，劲往一处使，创造出巨大的效率和效益。

同时，清晰而明确的愿景可以产生强大的驱动力，驱动员工产生追求愿景、实现愿景的勇气和信心，并使员工有着老板一样的发展欲望、精神和激情，能更精干、更灵活，行动敏捷。大家知道，“永远要做饮料世界的第一”，是可口可乐公司的愿景，这也是每个可口可乐员工共有的梦想与愿望。在他们身上，你可以强烈感受到作为可口可乐员工的自豪感。

共同愿景是团队全体员工发自内心的愿望。因此，在追求愿景的过程中，人们自然而然会产生勇气，去做任何为实现愿景所必须做的事。

在20世纪80年代中期，在几乎所有小型电脑产业都投向IBM个人电脑阵营之际，苹果公司坚持它的愿景：设计一部更适合人们操作的电脑，一部让人们可以自由思考的电脑。在发展过程中，苹果电脑不仅放弃成为个人电脑主要制造厂商的机会，也放弃了一项他们领先进入的创新技术：可自行扩充的开放型电脑。这项策略后来证明是对的。苹果公司最后所发展出来的麦金塔电脑，不仅容易使用，同时成为新的电脑工业标准，让使用个人电脑成为一件快乐的事。

优秀的管理者常借机把愿景转化为员工个人努力的方向。而愿景一旦被转化为个人努力的方向，就会对员工产生长久的激励，使其积极努力，迸发出无限的创造力。

愿景作用是巨大的，一旦建立起共同的团队愿景，每一位成员会发挥出巨大的战斗力，会为其奉献一生的力量，会以是其中一员而自豪。

当一个团队领导者善于为他团队的成员勾画他们未来成功的愿景时，他是在塑造他们、激励他们，相当于给他们再接再厉的最大的动力源泉。

3.为团队制定挑战性的目标及相应的计划

一个具有明确的而且有挑战性目标的团队比目标不明确或不具有挑战性目标的团队效率高得多。通常情况下，团队成员往往会因为完成了某个明确的任务，而且这个任务的完成具有挑战性的意义而感到自豪。团队成员为了获取这种自豪的感觉而更加积极地工作，从而带来团队工作的高效率。

适当的、具有一定挑战性可又有可能达成的目标能很好地激发团队成员的工作激情。团队管理者的职责是激励整个团队向总体目标努力，因此，要为自己的团队制定一个挑战性的目标并设定相应的计划。这样的目标相对于下属的工作能力具有足够的挑战性，并且具有足够的动力促使下属发挥他们的工作技能、技巧以便实现工作目标。

摩托罗拉公司创始人高尔文经常利用挑战性的目标敦促他的下属员工们做一些看似不可能实现的事情。例如，在20世纪40年代末，摩托罗拉公司刚进入电视机市场时，高尔文就为电视机部门制定了一个富有挑战性的目标：在第一个销售年，以179.95美元的价格卖出10万台电视机，还必须保证利润。

一位经理人抱怨说："我们绝对卖不出去那么多电视机，那意味着我们在电视机行业的排名必须升至第三名或第四名，而我们现在最好的排名才是第七位或第八位。"

还有一位产品工程师说："我们甚至都还没有把握能使电视机的成本低于 200 美元，但售价已经定在 179.95 美元了，这怎么可能保证利润呢？"

但是，高尔文却回答说："我们一定要卖出这个数量。在你们拿出用这种价格，卖出这个数量，还有利润的报表给我看之前，我不想再看任何成本报表。我们一定要努力做到这一点。"

之后，高尔文通过员工们反馈的信息，制定了一项严格的奖罚制度，迫使员工们都为了实现上述目标刻苦钻研、努力创新，想方设法降低电视机的生产成本。同时，也重新审查制定了新的销售制度，督促销售部门在业务上投入更多的精力。不到一年，摩托罗拉公司真的实现了销售目标，使电视机的销售量在排名榜中升至第四位。此后，摩托罗拉公司不断地发展壮大，成为电子技术领域的佼佼者。

目标的挑战性是根据市场环境、公司发展战略、总体的目标，以及对各种人力、资金、物力的分析得出来的。挑战性目标的好处是：

（1）可以给下属适当的压力。人在压力之下的工作状态是不同的，压力和绩效之间的关系比较复杂：压力太大绩效不会太高，反而让人不愿意面临这样一个目标；反过来如果没有这个压力或压力非常低，团队的目标也很难实现。适度的压力对团队的目标是有帮助的，压力过高和过低都不利于目标的实现。

（2）可以调动下属的潜能和工作热情。如果把自己的潜能发挥出来，赋予一定的工作热情，努力一把就可以够得着这个目标，那就会朝这个方向努力。

（3）促使下属提高自己的素质，不满足于现状。如果不需要太多努力就可以达成目标的话，很容易使人满足于现状。

（4）当具有挑战性的新目标完成时，会带给团队成员或整个团队一种成就感。

4.规则明确、纪律严明是团队制胜的法宝

纪律和秩序是一个团队生存和作战的保障，没有了纪律，这个团队就会像一盘散沙，各自为战。没有了秩序，这个团队就会乱成一团，没有前进的方向。纪律是一切行为的基本依据，也是优秀团队得以发挥战斗力的根本力量来源。一个优秀的团队，一定是一个把纪律秩序与个人自由结合得最好的团队。

纪律是一个组织最重要的东西。美国管理大师柯林斯等人在《第五项修炼》一书中说：纪律，是世界上最重要的东西，没有纪律，就没有品质；没有品质，就没有进步！企业要做大做强，铁的纪律是必需的。

国内外有许多企业的成功，其制胜的法宝就是有“铁的纪律”。

领导者的气势有多大，就看他纪律有多严

不少企业在团队建设过程中，过于追求团队的亲和力和人情味，认为“团队之内皆兄弟”，严明的团队纪律是有碍团结的，因此，团队内的制度和纪律，得不到具体的执行，形同虚设。

纪律是胜利的保证，只有做到令行禁止，团队才会战无不胜，否则充其量只是一群乌合之众，稍有挫折就会作鸟兽散。南宋末年的岳家军之所以能成为一支抗金主力，与其一直执行严明的军纪密不可分，以至于在金

军中流传着这样一句话：撼山易，撼岳家军难。另外一个典型的例子就是三国时期的诸葛亮挥泪斩马谡的故事。

诸葛亮与司马懿在街亭对战，马谡自告奋勇要出兵守街亭，诸葛亮心中虽有担心，但马谡表示愿立军令状，诸葛亮才勉强同意他出兵，并指派王平将军随行，并交代在安置完营寨后须立刻回报，有事要与王平商量，马谡一一答应。可是军队到了街亭，马谡执意扎兵在山上，完全不听王平的建议，而且没有遵守约定将安营的阵图送回本部。等到司马懿派兵进攻街亭，围兵在山下切断粮食及水的供应，使得马谡兵败如山倒，重要据点街亭失守。马谡与诸葛亮于私于公关系都很好，但事后诸葛亮为维持军纪而挥泪斩马谡，并自请降职。

纪律是一切制度的基石，组织与团队要能长久存在，其重要的维系力就是团队纪律。要建立团队的纪律最首要的一点是：领导者自己要身先士卒维护纪律。

严明的纪律，雷厉风行的作风是联想企业文化的一个重要特征，这同其创始人柳传志始终严格要求自己，做遵守纪律的表率是密不可分的。联想集团有一个延续了十几年的规定，就是无论是谁，开会迟到了要罚站一分钟。可是刚刚制定规定后第一次开会，一直备受柳传志尊重的一个原来的老上级就迟到了。这事的确让柳传志为了难，看着员工们一双双瞪大的眼睛，看着一生勤勤恳恳工作的老领导，柳传志的心里有说不上来的矛盾。最后，他还是对老领导说："你现在在这儿站一分钟，今天晚上我到你家里给你站五分钟。但现在你必须罚站，不这样，今后会议没法开，所有的人都忙，都有理由迟到。"

联想集团一次召开高层领导人会议，不巧，柳传志参加会议时电梯出了故障，被困在了电梯里，他拼命敲门，想叫人请假，可周围没人。导致他到达会场时已经晚了几分钟。看到同志们都按时到达会议室，柳传志什么都没有解释，照样自觉接受罚站。

开会迟到了，就要罚站一分钟。这是联想集团定下的规矩，联想集团每一位员工都要执行，作为公司董事局主席，也就是“一把手”的柳传志当然也不例外。

如果柳传志认为自己是“一把手”，要点小赖，不站了，估计没有人说什么，因为“一把手”总是日理万机，比一般员工要忙得多，由于特殊原因迟到一小会儿怕什么，何足挂齿！但是，柳传志没有搞特权，也没有解释理由，而是按照公司里的制度：罚站！

柳传志身先士卒做“表率”，令人感动，这深刻地影响着联想集团的每一个人。

“纪律可以促使一个人走上成功之路。”怡安管理顾问公司的陈怡安博士曾说过：“领导者的气势有多大，就看他纪律有多严。”一个好的领导者必定是懂得自律的人，而且也一定是可以坚持及带动团队遵守纪律的人。

纪律是团队的生命

领导一个团队，最重要的就是纪律。与纪律相比，其他的一切都是第二位的。

20世纪70年代，日本伊藤洋货行的董事长伊藤雅俊突然解雇了战功赫赫的岸信一雄。这在日本商界引起了一次震动，就连舆论都用轻蔑尖刻的口吻批评伊藤。

人们都为岸信一雄打抱不平，指责伊藤过河拆桥，将三顾茅庐请来的一雄解雇，是因为他的东西全部榨光了，已没有利用价值。

在面对舆论的尖锐质询时，伊藤雅俊却理直气壮反驳道："秩序和纪律是我们企业的生命，我们不能因他一个人而减低整个企业的战斗力！"

事情的原委是这样的：岸信一雄是由东食公司跳槽到伊藤洋货行的。伊藤洋货行最初是以衣料买卖起家的，后来进入食品业。但由于公司内部没有食品管理方面的人才，伊藤洋货行的创始人伊藤雅俊十分艰难地从东食公司挖来岸信一雄。岸信一雄来到了伊藤洋货行以后任总经理，重整了公司的食品部门，10 年间使公司的业绩提高了数十倍，对公司可谓功勋卓著。

但随着公司业绩的提高，岸信一雄开始居功自傲，对公司制定的规章制度一律不予遵守，对公司的改革措施更持敌对态度，战略决策一执行到岸信一雄那里就止步不前。他不仅自己不再提高工作业绩，为公司创造价值，还对那些勤奋敬业的下属冷眼相对，嘲笑他们即使再干十年也休想获得成功。在他的阻力下，所有下属都消极地对待工作，整个部门的工人效率直线下降。

董事长伊藤雅俊屡次对他批评教育，无奈他不但不改还变本加厉，最后伊藤雅俊终于决定把岸信一雄辞退了。

对于最重视秩序、纪律的伊藤而言，公司的业绩虽然持续上升，但是他却无法容许"治外法权"如此持续下去，因为，这样是会毁掉过去辛苦建立的企业体制和组织基础的。

从企业的发展大局来看待这一事情，伊藤的做法是正确的，严明的纪律的确是不容忽视的。

第三章

有效沟通，拉近彼此距离

1.有效沟通是建立高效团队的前提

一个独立的组织，比如一个现代中型企业，规模庞大、因素众多、结构复杂、分工精细、信息量大、联系广泛、动态多变、功能综合，管理者必须做好沟通、协调工作，组织内的各部门、各要素才能充分发挥作用，整个组织才能像钟表一样正常地运转，顺利地实现组织的既定目标与任务。

团队没有交流与沟通，就难以达成共识，达不成共识，就难以步调一致，也就无法有效发挥团队绩效。

团队没有交流沟通，就失去了建设团队的基础。可以说，有效沟通是建立高效团队的前提。如果没有沟通，任何组织都将是无法存在的。

领导者的真正工作就是沟通

团队管理者工作时间的20% ～ 50% 是在进行各种语言沟通，如果把文字沟通，包括各种报告和 E-mail 放进去，会高达 64% ；团队普通成员每小时有 16 ～ 46 分钟在进行沟通。

沟通之所以重要是因为沟通无所不在。沟通的内容包罗万象，开会、谈话、给下属做考核、谈判，甚至指导工作等等都是在进行沟通。

有个副总裁跟其同事和他们的家人一起吃饭，一个同事的小孩问副总裁："叔叔，你是干什么的？"这个副总裁告诉他："叔叔的工作就像是一条大船上的船长。"小孩摇摇头，不明白船长是干什么的。副总裁于是干脆说："叔叔每天的工作就是开会，在过道里见到同事要打招呼，要问一问他们工作进展的情况，有时候要跟客户去谈判，还有的时候要去做一些考核评定等等。"小孩这个时候点点头明白了："你的主要工作就是谈话。"

从这个故事中可以体会到一点，管理者相当多的时间是在沟通。各种不同的事情都需要通过沟通，才能最后获得解决的方案。

绩效的高低与管理者花在沟通上面的时间多寡往往成正比。许多成功的企业总裁、总经理、专业经理人，他们花在沟通方面的时间高达 50% 以上，有部分人更高达 90%。一位信息业的总经理在一项命名为"成功的沟通"的座谈会中就直言不讳沟通的重要性，他说："当我开始完全学会沟通技巧之时，也是我的事业开始起飞、踏上成功大道的时刻。现在我每天花掉平均约 70% 的时间和我的伙伴、员工们进行面对面的沟通。当然，我也必须和外界的供应商、经销商、大顾客、政府部门等有利害关系的人们进行沟通。总之，我每天都重复不断要做的唯一大事就是'沟通'。"

成功的管理者都具有卓越的沟通能力。所谓成功的管理者，除了自身所具有的优秀素质外，他们的所作所为都来源于自身所拥有的一套愿意与所有的员工不断沟通的管理哲学。他们十分了解沟通的重要性，无论在社交活动中，还是在家庭中或是在工作岗位上，能经常尽情地发挥本身所特有的与人沟通的艺术和能力，巧妙地赢得别人的喜爱、尊敬、信任和合作。

管理者在实践中常常发现，自己在工作中出现的矛盾、问题，往往是由于沟通差、与下属缺少交流造成的。当代社会，沟通已经成为各级领导的必备能力，以至哈佛大学的权威教授一致认为：领导的真正工作就是沟通。所以对团队管理者来说，沟通不仅是必要的，更是必需的。

打破沟通障碍，进行有效沟通

对于团队和企业来说，沟通是一个永远的问题，遗憾的是相当多的团队中最大的隐患就是沟通。很多团队曾经做过调查：成员离职很重要的一条原因就是不良的对待和不良的沟通。

某单位的一位团队主管，正在带领自己的团队进行某一项目的攻关。正在紧要关头，该主管的上司把主管找来，说要撤销主管手下的一名助手。该主管大惑不解，因为这位助手是他的得力干将，工作一向勤勤恳恳，为什么上司突然要撤换他呢？

主管敲开了上司办公室的门，先详细介绍了项目的进展情况，并对该下属的工作加以说明。看上司脸色比较好时才问为什么要调离这位下属。上司的回答出人意料。他说，听别人说该下属在另一家公司兼职。某一天上司亲眼看见该下属从那家公司里出来，所以要把该下属撤换掉。主管这才明白，原来是因为项目中有一个重要配件需要到那家公司购买，而那位下属又是这方面的专业技术人员，所以才派他去，不料却造成了这样的误会。经过一番解释，上司明白了原委，把主管的下属留了下来。主管又去找到那位下属安抚了一番，终于稳定了团队成员。

在这个例子中，这位主管很成功地完成了沟通任务。同时也说明了团队主管在管理员工时，不能只注意与下层员工的沟通，而忽略了与上司的沟通，让不了解情况的上司一插手反而会把事情搞糟。如果这位团队主管不及时找上司沟通，上司的误会就没办法消除，也没办法留下优秀的下属。

沟通是双向的，不必要的误会都可以在沟通中消除。作为管理者，一定不要忽视沟通的双向性。应该要有主动与部属沟通的胸怀；作为下属也应该积极与管理者沟通，说出自己心中的想法。只有大家都真诚地沟通，双方密切配合，企业才可能发展得更好更快。

事实证明，不良沟通会给企业带来很多危害，包括人际关系，团队的士气，团队业绩都会受到伤害。好的、有效的沟通有助于团队文化的建设，会提升团队成员的士气；是建立优良的员工工作关系和人际关系的重要手段；是团队合作的基本要素；是降低企业内耗、外耗，提高组织效能的重要保障。

2.有效沟通的关键在于倾听

一个小国给大国皇帝进贡了3个一模一样的小金人像，金碧辉煌，把皇帝高兴坏了，但使者想要皇帝判断3个金人中哪个最有价值。皇帝想了许多办法，请来珠宝匠检查，称重量，看做工，都是一模一样的，根本就看不出来。

怎么办呢？使者还等着回去汇报呢！泱泱大国，如果连这点小事都办不了，那不很丢人吗？正在皇帝和大臣们都束手无策的时候，一位隐居的智者托人带来口信，说如果让他看一看金人，就能分辨出它们的价值来。

皇帝将使者和智者请到大殿，智者将3个金人像仔细看了又看，最后，他发现每个金像的耳朵里都有一个小孔。于是，他要了3根很细的银丝，从金像的耳朵里穿进去。

插入第1个金人的耳朵里，银丝从另一边耳朵里出来了；第2个金人的银丝从嘴巴里钻出来了；第3个金人，银丝进去后掉进了肚子里，什么响动也没有。智者对皇帝说：第3个金人最有价值。使者听后默默无语，答案完全正确。

这个寓言告诉我们：最有价值的人，不一定是最能说的人。老天给我们两只耳朵一个嘴巴，本来就是让我们多听少说的，善于倾听，才是团队成员最基本的素质。

在团队沟通中，言谈是最直接、最重要和最常见的一种途径，有效的言谈沟通很大程度上取决于倾听。某专家指出，作为团体，成员的倾听能力是保持团队有效沟通和旺盛生命力的必要条件；作为个体，要想在团队中获得成功，倾听是基本要求。

美国的心理学家调查发现，公司主管们的平均时间分配是：9% 的时间在“写”，16% 的时间在“读”，30% 的时间在“说”，45% 的时间在“听”。因此，充分利用这 45% 在倾听中实现管理就显得非常必要了。

倾听既是领导者取得关于他人第一手信息、正确认识他人的重要途径，也是领导者向他人表示尊重的最好方式，倾听使领导者成为一个反馈者，一个置自己于第二位的人。美国前哈佛大学校长查·爱略特说过：“生意上的往来，并无所谓的秘诀……最重要的是，要专注眼前同你谈话的人，这是对那人最大的尊重。”

听是人类的一种基本技能。交流是听和说的艺术，实际上水平高的领导，往往是更多地去听别人，而不是滔滔不绝地讲给别人听，在某种程度上，听是管理者在沟通中最重要的技巧。

有效的沟通始于倾听

英国管理学家 L·威尔德说：“人际沟通始于聆听，终于回答。”没有倾听就没有沟通，倾听是一名成功的领导者应该具备的至关重要的素质。但事实表明，大多数领导者不懂得倾听。在很多时候就是因为缺乏有效倾听而导致了错失良机，产生误解、冲突和拙劣的决策，或者因员工问题没有及时发现而导致人才的流失。

本田宗一郎被誉为“20 世纪最杰出的管理者”。回忆往事，他常念叨一则令其终生难忘的故事。

有一次，一位来自美国的技术骨干罗伯特来找本田，当时本田正在自己的办公室休息。罗伯特高兴地把花费了一年心血设计出来的新车型拿给本田看："总经理，您看，这个车型太棒了，上市后绝对会受到消费者的青睐……"

罗伯特看了看本田，话还没说完就收起了设计图纸。此时正在闭目养神的本田觉得不对劲，急忙抬起头叫了声"罗伯特"，可是罗伯特头也没回就走出了总经理办公室。

第二天，本田为了弄清昨天的事情，亲自邀请罗伯特喝茶。

罗伯特见到本田后，第一句话就是："尊敬的总经理阁下，我已经买了返回美国的机票，谢谢这两年您对我的关照。"

"啊？这是为什么？"罗伯特看着本田的满脸真诚，便坦言相告："我离开您是由于您没有自始至终听我讲话。就在我拿出我的设计前，我提到这个车型的设计很棒，而且还提到车型上市后的前景。我是以它为荣的，但是您当时却没有任何反应，而且还低着头闭着眼睛在休息，我一恼就改变主意了！"

后来，罗伯特拿着自己的设计到了福特汽车公司，受到了高层领导的关注，最终该新车的上市给本田公司带来了不小的冲击。通过这件事本田宗一郎领悟到"听"的重要性，也让他认识到如果不能自始至终倾听员工讲话的内容，不能认同员工的心理感受，难免会失去一位技术骨干，乃至一个企业。

在倾听的过程中，如果人们不能集中自己的注意力，真实地接受信息，主动地进行理解，就会产生倾听障碍，造成信息失真。

人们在说话或陈述意见时，会要求别人认真地倾听他们的话，要求被别人所理解，要求他们的思想和见解得到尊重。因此，当别人陈述其观点时，切忌中途打断他们的话，避免使别人处于防范心理状态。在倾听的过程中，信息接收者要给予反馈，因为没有信息反馈，信息发送者就不会知道是否被人理解，真实的信息反馈是形成一种相互信任和充满信心的气氛的必要条件。

成功的管理者，从来都会耐心地倾听各方面的声音，并以此来与下属进行有效沟通，从而达到有效的管理。

不是说服他人，而是倾听他人

有效沟通能力的第一原则，不是说服他人，而是倾听他人，这是成为有效沟通者的基础。一位好的沟通者，是能够善于询问以及积极倾听他人的意见与感受的。在许多人与人接触以及沟通的机会里，如果我们能随时随地仔细观察并且重视他人情绪上的表现，尤其是在对方行为退缩，默不作声或欲言又止的时候，可用询问引出对方真实的想法，了解对方的立场以及对方的需求、愿望、意见与感受，并且运用积极倾听的方式，来诱导对方发表意见，慢慢就可以清楚了解他人的想法及感受，进而加以引导激励。

松下幸之助非常善于与员工沟通，尤其善于听员工的话——好的建议和普通的发牢骚。

松下幸之助经常问他的下属管理人员："说说看，你对这件事是怎么考虑的。""要是你干的话，会怎么办？"一些年轻的管理人员，开始还不怎么说，但当他们发现，董事长非常尊重自己，认真地倾听自己的讲话，而且常常拿笔记下自己的建议时，就开始认真发表自己的见解了。

由于听的人既显示了对说话人的尊重，又不走形式，毫不马虎地专注地听，回答的人就会十分认真地畅所欲言。这是一场比认真的竞赛，对于管理人迅速掌握经营的秘诀，是大有裨益的。

此外，松下幸之助一有时间就要到工厂去转转，一方面便于发现问题，另一方面有利于听取一线工人的意见和建议——而他认为后一点更为重要。当工人向他反映意见时，他总是认真倾听。不管对方有多啰唆，也不管自己有多忙，总是认真地倾听，不住地点头，不时地对赞成的意见表示肯定。他总是说："不管谁的话，总有一两句是正确可取的。"

松下的头脑里，从没有"人微言轻"的观念，不管什么时候，他都认真地倾听哪怕是最底层员工的正确意见。

沟通最难的部分不在如何把自己的意见、观念说出来，而在于如何听出别人的心声。也就是说，积极的倾听并不是简单地听，它不仅要用耳，而且要用心。有效的倾听有两个层次的功能——既帮助接收者理解字面意思，也理解对方的情感。好的倾听者不仅听到对方说的内容，而且了解对方的感受和情绪。同时，有效倾听的管理者还发出了一个重要信号——他们关心员工。

如何改善团队中的沟通行为，一个至关重要的方面在于善于倾听。

3. 良好的沟通能够让双方充分理解，达成共识

有沟通，才有理解。良好有效的团队沟通能够让交流的双方充分理解，达成共识。沟通看起来很容易，其实沟通必须经过长时间的配合、摩擦，是一项非常困难和复杂的工作。沟通双方不但要理解传递过来的信息，还要分析信息，获取事实，翻译转化信息。

沟通是意义的传递与理解。完美的沟通是经过传播后，被接受者感知到的信息与发送者发出的信息完全一致。

有一个办公室起火了，主管对刚走到门口的员工说："快拿桶水来！"员工边走边想：水龙头在哪儿？水桶在哪儿？他终于想起不远处的食堂有水桶，他盘算着，先拿桶，然后到最近的水龙头打水，这样最省力。但当他回头一看，不得了！主管的办公室起火了。

原来，当主管发现了火情，见到员工来便马上要他去拿水，主管的本意是用水灭火，可是主管脑子里想的事，员工是不知道的，这是缺乏沟通的悲剧。员工直埋怨：早知道是救火，附近就有灭火器，何必要跑到远处去取水呢？

如果主管起初就对员工说："有火情，你赶紧给我拿水来救火！"这位员工脑袋里就会想：要救火，赶紧！但救火不一定非得用水呀！附近不是有灭火器吗？几分钟内，火警就会解除。

不能有效沟通，就无法明白和体会对方的意思，就难以把要做的事做得顺利圆满，工作上就会出现障碍。

春秋战国时期，耕柱是一代宗师墨子的得意门生，但他这个得意门生却老是挨墨子的责骂。有一次，墨子又责备了耕柱，耕柱觉得非常委屈，因为在许多门生之中，大家都公认耕柱是最优秀的人，但又偏偏常遭到墨子指责，让他面子过不去。

一天，耕柱愤愤不平地问墨子："老师，难道在这么多学生当中，我竟是如此的差劲，以至于要时常遭您老人家责骂吗？"

墨子听后，对耕柱说："假设我现在要上太行山，依你看，我应该要用良马来拉车，还是用老牛来拖车？"

耕柱回答说："再笨的人也知道要用良马来拉车。"

墨子又问："那么，为什么不用老牛呢？"

耕柱回答说："理由非常简单，因为良马足以担负重任，值得驱遣。"

墨子说："你答得一点也没有错，我之所以时常责骂你，也只因为你能够担负重任，值得我一再地教导与匡正你。"

这个故事，说明了只有良好的沟通，才能架起理解的桥梁，如果耕柱与墨子之间没有进行有效沟通，耕柱就不会理解到老师那么做的真实意图，他有可能会误解是老师在有意刁难他，极有可能在"愤愤不平"中做出违背老师本意以及不利于团队的事情，由此产生不堪设想的后果。

没有沟通就没有了解，没有了解就没有理解，没有理解就没有彼此间的信任，没有信任就不可能团结，就不会有愉快的合作和成功的管理。

沟通的目的在于传递信息。如果信息没有被传递到所在单位的每一位员工，或者员工没有正确地理解管理者的意图，沟通就出现了障碍。因为沟通的最大障碍在于员工对管理者的意图理解得不准确或者误解管理者的意图。

为了减少这种问题的发生，管理者可以主动与员工沟通，把要说的事情说清楚、说明白，以免引起员工的误解。同时让员工对管理者的意图做出反馈。比如，当向员工布置了一项任务之后，你可以接着向员工询问："你明白我的意思了吗？"同时要求员工把任务复述一遍。如果复述的内容与管理者的意图相一致，说明沟通是有效的；如果员工对管理者意图的领会出现了差错，可以及时进行纠正。

沟通是团队每个成员都要面临的问题，每个人都应该从团队协作的角度来对待沟通。唯有这样，才能够真正打造出一个沟通良好、理解互信、高效运作的团队。

4.顺畅沟通渠道，确保团队上下有效沟通交流

良好的沟通管理，不仅反映了团队中管理人员的管理和协调能力，更体现了完善的企业制度和健康的企业文化。从公司的组织角度来考虑，必须要有一套有效的沟通措施和信息交流渠道，保证员工能了解、掌握公司的发展战略、目标、目的和计划，向员工通报公司的经营活动情况，面临的问题，所取得的成就、业绩，以及大家所关心的事情。而作为团队管理者，承担着承上启下的传递作用，如何准确快捷地传递企业经营状况和员工工作状态，增加管理的透明度，将是管理人员工作职责中重要的一部分。

管理者和员工之间如果缺乏沟通，各种障碍、矛盾和冲突就会层出不穷，进而挫伤员工的工作积极性，降低工作效率。

有效的沟通在很大程度上取决于有无畅通的沟通渠道。没有畅通的沟通渠道就不能有效地传递信息。

如果员工找不到沟通的渠道，没有表达意见的机会，他就不会对企业有认同感，更不要说群策群力了。交流的渠道不畅，团队自然会形成气压锅般的气氛，有能力、有魄力的人肯定留不住，团队将变成一盘散沙，在市场经济竞争中溃不成军。做主管的要想拥有一支出色的团队，势必先建立良好的沟通渠道。

对于一个企业来说，只有具备了良好的沟通渠道，才能营造出相互信

赖、真诚合作、开放沟通的企业环境。

建立畅通的上下沟通渠道

当今社会，员工对情感的需求日趋强烈，良好的沟通机制是满足这种需求的重要平台。企业建立高效沟通机制，首先要建立有效的沟通渠道，沟通渠道的畅通是有效沟通的前提。

作为团队的管理者，想要使上下左右内外沟通顺畅，不妨先做好以下的准备工作：

首先，为沟通准备好一个“平台”。良好的企业文化和团队精神是沟通顺畅的必要“平台”。顺畅的沟通能促进企业文化和团队精神的建设，而企业文化和团队精神的建设也有助于沟通的顺畅。

其次，寻找合适的沟通“载体”和“网络”，要使沟通有效地进行，除了选择合适的“载体”外，也要选择合适的“网络”。

美国的通用电气公司（GE）就建立了畅通的自上而下的沟通渠道。沟通是GE文化与用人之道中非常重要的一部分。无论是从下到上、从上到下的纵向沟通，或者是平行的横向沟通。

GE有13个相互独立的业务集团，还有不同的职能部门，如何保证高效的沟通，推动公司的变革，推动每一个项目的进展，确实不是一件易事。但对拥有价值观法宝的GE来讲，沟通却快捷而顺畅。

电子商务为日常的沟通带来了便捷，但传统的沟通渠道并没有因为科技手段的创新而落伍，在GE，传统与现代的沟通渠道在这里各有作用。根据不同的交流内容，沟通的渠道也不同。

网上交流、电话交流、面对面交流、便笺式交流……传统与现代的交流方式在GE共存，目的却只有一个：信息的畅通，沟通的顺畅。

圆桌会议、全体员工会议、优秀员工座谈等这些集体的沟通方式也每天都在进行。

可以说沟通是无边界的，GE的每一个业务集团，都非常重视与员工的沟通。业务集团或地区总部会经常把公司最近的发展情况做及时总结，发表在公司的内部网络上，让员工及时了解。

同时，GE定期举行员工大会，通过卫星直播、网上直播等方式进行。如网上直播，每隔1～2个月就进行一次，针对不同的问题，在不同的地区或在全球范围进行。沟通是互动的，在GE内部，出版有各种内部媒体，与网络一起，构成了沟通的平台，及时发布公司最新信息与管理层动态。最终目的是让GE全球30多万员工能够在第一时间及时了解GE领导人及高层的想法，了解公司的发展目标与政策调整的信息。公司的CEO、各级经理也定期与员工进行面对面的沟通。

除此之外，GE还经常召开不定期的员工大会。GE全球的CEO或13个业务集团的CEO以及其他高层领导到属下公司访问时，公司都会特别安排员工与他们进行面对面的交流。这是一种很难得的沟通机会，员工可以把自己的想法直接告诉公司的高层。

韦尔奇认为，真正的沟通不是演讲、文件和报告，而是一种态度，一种文化环境，是站在领导职位上开诚布公地、面对面地交流，是双向的互动。有效的沟通不是官僚的，甚至不是正式的，而应该是非正式的、无拘无束的。

在通用电气内部，到处都弥漫着这种非正式的沟通文化。这里没有预约，也没有严肃的对话。每个星期，韦尔奇都会不事先通知地造访某些工厂和办公室；临时安排与下属经理人共进午餐；工作人员还会从传真机上找到韦尔奇手写的便条，这些便条有给负责人的，也有给小时工的，无一不语气亲切而发自内心。

在他看来，沟通是随心所欲的，他努力使公司的所有员工都保持着一种近乎家庭式的亲友关系。一位 GE 公司的经理曾这样生动地描述韦尔奇：“他会追着你满屋子团团转，不断地和你争论，反对你的想法。而你必须要不断地反击，直到说服他同意你的思路为止，而这时，你可以确信这件事你一定能成功。”

韦尔奇至少有一半的时间花在与员工相处上，他至少能叫出 1000 名通用电气员工的名字，知道他们的职责，知道他们在做什么，甚至知道他们在工作或者家庭生活中遇到了什么麻烦。他的体贴入微常常令员工们感动不已。

这种自上而下的沟通方式在 GE 已经成了传统，现在是杰夫·伊梅尔特在重复着杰克·韦尔奇的方式与员工沟通。GE 每个地区的 CEO，每个业务部门的 CEO，都同样频繁地参加新员工的见面、员工培训、员工大会等活动，充分利用一切可以利用的机会与员工进行沟通与交流。

什么能确保我们在竞争中不断进取？韦尔奇的理念中认为是“顺畅地沟通”。企业的成败最终都要基于企业能否构建一种利于沟通的机制。随心所欲地沟通，是企业前进的命脉 。

以往国内企业传统的沟通方法相对单一，更多的是遵循上传下达、服从上级，而比较忽视来自基层的声音。因此，科学的沟通过程应遵循自上而下和自下而上的双向原则，只有实现充分的双向沟通，尊重并综合来自各方面的意见和建议，领导人的决策才会更加尊重企业实际，更加具有可行性。

在一个以速度求生存的社会中，“打破竞争体制，组建一个无沟通壁垒的组织”，永远是一个值得追求的目标。在任何组织中，壁垒越少，员工间的沟通就越充分。沟通越充分，员工就越有积极性。员工的工作积极性越高，组织的绩效就会越好。

渠道畅通，心顺气通，它既反映一个公司的作风，又反映上下级关系。

疏通渠道，让一切热爱企业的员工参与到企业的经营管理中，可以给企业增添强大的生命力。

运用开放真诚的沟通方式

有效沟通是让企业能够顺利运转的润滑剂。成功的团队管理者要善于运用各种沟通方式，加强组织与员工的沟通；还要主动表示建立沟通渠道的诚意，不要让员工的积极性到处碰壁。谁都希望能在一个良好开放的工作环境中畅所欲言（当然指建设性的意见，不是流言），为企业贡献一己之力，肯定个人才华，但前提是主管必须先去开路，建立有交流、有反馈的沟通渠道。

英国的维京集团是一家年营收高达30亿英镑的大企业，其创始人兼董事长理查德·布兰森建立起一种“把你的点子大声说出来”的创意机制。

这种机制包括：该公司所有员工都知道布兰森的电话，员工一有好的构想，就能通过各种渠道让他知晓；每年举办一次“家宴”，为那些想要贡献创业点子，平时较不易碰到布兰森的员工制造毛遂自荐的机会。“家宴”兴办一次为期一周，参加人数多达3500人；集团旗下的每一个企业都有一套可以使员工点子上达的渠道，如财务机构，常务董事在当地一家餐厅常年预留8个空位子，任何员工认为自己的新点子够好，都可以申请和常务董事共进午餐，在用餐时商讨创业大计。

再如事业开发部，以紧盯人的方式，逼着全公司各层级经理向员工收集好的构想。在这一创意机制的激励下，维京员工的创造性和积极性得到了极大的发挥，各类好点子层出不穷。

维京集团鼓励开放的氛围，鼓励相互之间自由地进行交流，这使企业受益匪浅。

开放、真诚、坦率是人际关系中的重要品质，是促进沟通渠道畅通的有效保证。

在企业里，人际的沟通是无可避免的，沟通问题也同样无可避免，只有在组织系统上，针对人性化管理的需要，培育出更优秀的企业文化，才能令人际间的沟通更圆滑、更顺畅。

现代企业都非常注重沟通，既重视外部的沟通，更重视与内部员工的沟通，沟通才有凝聚力。

良好的沟通让员工感觉到企业对自己的尊重和信任，从而产生极大的责任感、认同感和归属感，促使员工以强烈的责任心和奉献精神为企业工作。

沟通创造和谐，沟通赢得人心，沟通能够凝聚出一股士气和斗志。这种士气和斗志，就是支撑企业大厦的中坚和脊梁。

第四章

倡导协作，增强团队凝聚力

1.企业的成功靠团队

管理大师威廉·戴尔在《建立团队》一书中一针见血地指出：近15年来，经理人在组织内的角色已经产生重大的改变。他解释说明道："过去被视为传奇英雄，并能一手改写组织或部门的强硬经理人，在现今日趋复杂的组织下，已被另一种新型经理人取代。这种新型经理人能将不同背景、专业和经验的人，组织成一个有效率的工作团队。"

管理者之所以要组织团队，是因为众人拾柴火焰高。《逆领导思考》一书的作者罗伯特·凯利说："说到追随与领导，大多数组织的成功，管理者的贡献平均不超过两成，任何组织和企业的成功，都是靠团队而不是靠个人。"

美国通用公司总裁杰克·韦尔奇说："我的成功，10%是靠我个人旺盛无比的进取心，而90%是全仗着我的那支强有力的团队。"

这可是千真万确的事实，一个企业的成功，不光是靠管理者个人的智慧和才华，绝大部分的成功，关键在于管理者周边的那些追随者，在于他们追求完美的表现。

单打独斗、个人英雄主义的时代，已经向我们挥手告别。我们早已迈入合作就是力量、讲求团队默契的新纪元了。管理者不再是明星，虽然位高权重，拥有领导统御的大权，但是如果缺少了一批心手相连、智勇双全的跟随者，还是很难成就大事的。任何组织，不管他们是一支球队、乐团、特遣小组、委员会或是公司内部的任何部门，现在需要的不仅是一位好的管理者，更需要一位能投注于团队发展的真正管理者。

很多人在谈到企业的未来发展时，都提到过领导者的个人能力和远见卓识。确实，一个企业的领导者必须具备这些条件。但就像一个军队仅靠指挥官冲锋陷阵并不能打胜仗一样，一个企业仅靠领导者个人的能力也无法获得成功。这正是每一家现代企业都要强调团队精神而不提倡单兵作战的原因。企业是大家的而不是领导者个人的，大家在其中付出时间、精力，大家的成功必然和企业的发展联系在一起，我们必须融合这个团队里每一个成员的力量来实现我们的发展目标。

因此，建设一个好的团队、能够推动企业和个人获得成功的团队，远比某些个人的力量重要得多。

中国有句老话："三个臭皮匠，抵个诸葛亮。"因此对于身处激烈竞争中的现代企业来说，重视群体的力量，效果远胜于依靠个人的力量。

阿姆科公司的老板吉姆·威尔对此就有过很深刻的体验。这是一家从事钢铁行业的企业，在钢铁业逐渐成为"夕阳工业"以后，它的日子很不好过，尤其在进入20世纪90年代以后，公司的资金不断流失。在这种情形下威尔走马上任，开始进行根本性的改革以挽救公司。他的一项最重要的举措就是："非把每个人都拉来战斗不可。"

这不是一句宣传性的战斗口号，而是威尔在整治企业的过程中切身体会到的最紧迫问题。有一次他把心理学家请进公司，派他们到业绩最好的工厂去，请他们找出工厂之所以成功的真正带头人，弄清成绩应归功于谁。

结果令他惊奇的是，心理学家们回来竟说："工厂里没有带头人。"威尔不信："什么，在我们最赚钱的、为顾客服务最出色的工厂里竟然没有带头人？”心理学家们说：“对。工厂里有我们前所未见的最佳团队。所有的人都在互相合作。每一个人都把功劳归于别人。没有整个团队什么也干不成。”

自那以后，威尔对用人有了新的看法，他决定建立一套新的制度以鼓励团队行为。“以前我们发现了杰出人才马上把他提拔到公司中心去，使他离开了主流大众，这样做效果并不好。”于是，阿姆科公司设法造就一种新型的领导者，这种领导者与以往的“人杰”不一样，他不是在那里想方设法地最大限度地展示个人的才能，而是尽可能地发挥团队的力量。他总是把成绩归功于他的部下，他能了解谁最需要帮助，对需要帮助的人说：“我来帮你得到你所需要的帮助。”他会不断同雇员交流他是如何做的。

在这套新的领导方法实施以后，威尔发现达到了他的目的——把公司的每一个人都拉来战斗。正如他自己所说的：“从全世界的角度来看，这是一场全面的战斗。每个人都在力图把我们的公司抢走。我们努力把公司赢回来，使之成为一个非常成功的公司。我必须使公司里的每一个人，不分男女老少都同我一起投入这场战斗。”而正是由于果断地改变了过去的做法，靠团队而不是靠个人，他终于成功地把公司的每个人都拉进了与他并肩作战的行列中，而在发现做到了这一点以后，他又有了另一个令人惊喜的发现——公司开始扭亏为赢，亏损的局面得到了遏止。不久公司的账面上开始有了新的赢利，且赢利的数额越来越大。

“一个篱笆三个桩，一个好汉三个帮。”只要人人献出全部智慧，企业何愁不成功？若是将企业职工打造成一个坚强团体，企业又何愁攻无不克、战无不胜？

企业是一个和睦相处的集体，一个人的力量再大，也不能永远地支撑一个天空，一棵树木再大，也不能独自成为一片森林。

任何时候，一个组织和企业的成功，都必须依赖团队，而不是靠个人。

2. 信任是合作的前提，也是团队管理的基础

如何建立一支优秀的团队？不同的人有不同的看法。但所有的人几乎都同意，信任是团队成功的重要因素。信任是合作的前提，也是团队管理的基础。一个不能相互信任的团队，是一支没有凝聚力的团队，也是一支没有战斗力的团队。

信任，对于一个团队，其作用是无法估量的。管理专家刘海梅在一篇文章中指出：新的团队组建时，信任是磨合期首先需要解决的重要问题。只有建立基本的信任，团队才能顺利开始工作；当遇到困难时，团队信任将有助于团队万众一心，共同渡过难关；团队解散时，原来建立的成员之间的信任（或缺乏信任）将会继续流传，对未来的工作继续产生影响。如果团队建立了信任，成员之间将易于构建互相包容、互相帮助的人际氛围，更易于形成团队精神以及积极热情的工作情绪，成员工作满意度会随之得到提高，有助于提高成员对团队的忠诚度及工作效率；团队建立了信任后，信任能使每个人都感觉到自己对他人的价值和他人对自己的意义，成员之间更愿意进行合作，相互间会主动给予更多的支持，可以减低领导者协调的工作量。同时，团队成员间信任度的提高，有助于提高信息共享的效率，有效地提高合作水平及和谐程度，促进团队绩效的提高和团队的成功。

信任对于一个团队来说，具有化腐朽为神奇的力量，它能够使团队凝

聚出高于个人力量的团队智慧，造就出不可思议的团队表现和团队绩效。团队信任是一个优秀团队成功的基石。

团队成员要相互信任

高效团队的一个特点是，团队成员之间相互高度信任。也就是说，团队成员彼此相信对方的正直、个性特点、工作能力。但是，从个人关系中不难知道，信任是脆弱的，它需要很长时间才能建立起来，却又很容易被破坏，而且，只有信任他人才能换来被他人的信任，团队成员间的不信任只能导致整个团队的信任危机。

曾在一本书里看到一个寓言故事：

有三只老鼠一块去偷油喝，可是油缸非常深，油在缸底，他们只能闻到油的香味，根本就喝不到油，愈闻愈垂涎。喝不到油的痛苦使三只老鼠十分焦急，但焦急又解决不了问题，它们就静下心来集思广益，终于想到了一个很棒的办法，就是一只老鼠咬着另一只老鼠的尾巴，吊下缸底去喝油，它们取得一致的共识：大家轮流喝油，有福同享，谁也不可以有自私独享的想法。

第一只老鼠最先吊下去喝油，它想："油就只有这么一点点，大家轮流喝一点也不过瘾，今天算我运气好，不如自己痛快喝个饱。"夹在中间的第二只老鼠也在想："下面的油没多少，万一让第一只老鼠喝光了，那我岂不要喝西北风吗？我干嘛这么辛苦地吊在中间让第一只老鼠独自享受一切呢？我看还是把它放了，干脆自己跳下去喝个淋漓痛快！"第三只老鼠也暗自嘀咕："油是那么少，等它们两个吃饱喝足，哪里还有我的份，倒不如趁这个时候把它们放了，自己跳到罐底饱喝一顿，一解嘴馋。"

于是第二只老鼠狠心地放了第一只老鼠的尾巴，第三只老鼠也迅速放了第二只老鼠的尾巴，它们争先恐后地跳到缸里头去了。等它们吃饱喝足才突然发现自己已经浑身湿透，加上脚滑缸深，它们再也逃不出这个美味的油缸。最后，三只老鼠都困死在这个油缸里。

这个寓言故事，说明了互相不信任所产生的恶果。

合作是成功的开始，我们在不信任的环境中长大，不信任他人在我们的思想和行为上已形成了深深的烙印，关键是我们要认清自己、认清环境，社会的发展使分工越来越细，对能力的要求越来越高，个人单打独斗的时代已经过去，共同的目标、相互的信任、主动做事、共同分享，才能共同成长，共达成功的彼岸。

没有信任的团队，意味着高成本

美国管理学者波特认为，人的感觉是非常重要的，信任在任何时候都是最重要的东西。当一个团队或组织超过一个人时，信任就变得尤其重要。

在今天，信任可以说是许多团队成员之间唯一的联合基础，而这种基础是管理成功的保障。无论何时何地，信任都拥有非常重要的实用价值，信任是社会系统里很紧要的润滑剂，它的效率极高，为人们节省了许多麻烦。团队的运作若缺乏信任的关系，就得依靠更多的规章制度与惩处办法来作管控，这样会耗费更多的成本。

著名的松下集团从来不对员工保守商业秘密，他们招收新员工的第一天，就对员工进行毫无保留的技术培训。有人担心，这样可能会泄露商业秘密。松下幸之助却说，如果为了保守商业秘密而对员工进行技术封锁，导致员工在生产过程中不得要领，必然带来更多的残次品，加大企业的生产成本，这样的负面影响比泄露商业秘密带来的损失更大。而对于以脑力劳动为主要方式的企业如软件业，其生产根本无法像物质生产那样被控制起来，信任也是唯一的选择。相反，如果对员工不信任，就会成为管理中最大的成本。

《第五代管理》作者查尔斯·M·萨维奇认为，怀疑和不信任是公司真正的成本之源，它们不是生产成本，却会影响生产成本；它们不是科研成本，却会窒息科研的进步；它们不是营销成本，却会使市场开拓成本大大增加。作为一个企业，组织成员之间的信任是“和气生财”、健康发展的前提，在组织的发展过程中，遇到的最大难题其实并不在于外在的环境，而在于内部的氛围——员工之间、员工与经理之间、经理与经理之间是“心心相印”，而不是疑神疑鬼。

失去了信任，管理就成了无源之水、无本之木，没有哪一个经理人希望员工背叛公司，但是员工的忠诚是用信任打造出来的。只有真心才能换来诚心，这真心就是经理人对员工的信任。信任你的团队，信任你的员工，是团队成功的第一步。

相互信任才能上下齐心协力

对于一个团队来说，互相信赖，互相联系，是工作顺利开展的基本条件。因为缺少了信赖，团队将没有办法同心向共同的目标迈进，当然也就谈不上所谓的齐心协力了。

信任，是人的一种精神需求，是对人才的极大褒奖和安慰。它可以给人以信心，给人以力量，使人无所顾忌地发挥自己的才能。只有互相信任，才能形成上下协力同心的大好局面，才能赢得人才忠心不渝地献身团队事业。

美国的惠普公司是一家500强企业，在它的五个核心价值观里，第一个就是信任和尊重员工。

与许多公司不同，惠普将员工视为自己人，而不是随时有机会就占公司便宜的员工。在惠普，存放电气和机械零件的实验室备品库是全面开放的，这种全面开放不仅是允许工程师在工作中任意取用，而且实际上还鼓励他们拿回家供个人使用。因为惠普的观点是：不管他们拿这些零件做的事是否与其工作有关，反正只要他们摆弄这些玩意就总能学到东西。

此外，惠普公司实行灵活上班时间的做法是惠普公司信任人的最受广泛传扬的例子。惠普公司废除了签到制度，实行弹性工作时间制度，公司没有时刻表，不进行考勤。

根据惠普公司的做法，员工可以上午很早来上班，或是上午 9 点来上班，然后在干完了规定的工时后离去。这样做是为了让职工能按自己个人生活需要来调整工作时间，也表示了对职工的充分信任。

惠普的员工之间也互相信任。产品设计师们不管正在搞什么东西，全都留在办公桌上，谁都可以过来摆弄一下，并可以无所顾忌地对这些发明评头论足。在惠普，不管你处在什么地位，大家都不拘礼仪，彼此直呼其名。惠普员工都为能在这样一个平等和睦的集体中工作而感到心情舒畅。

惠普既强调团队协作，又容忍个人的不同需要，员工与公司分享一切，使公司建立在一支稳定而有献身精神的员工队伍基础上。

如此充分信任员工，让人们深为感动，在这样的氛围中工作，自然会产生与企业同命运的强大动力。

信任是情感激励的一种方式。在今天，企业管理者要激励员工的工作士气，诱发员工全力以赴的工作热情，必须把信任作为最好的管理投资。

只有能让员工信赖的企业才能赢得员工的忠诚，而信赖是双向互动的，作为企业的领头羊，领导者只有充分信任员工，并在具体工作中体现出自身的领导能力、工作能力以及人格魅力，才能让员工建立对企业的信任感及依赖感。因此，企业对员工的信赖程度直接影响着激励员工的效果，反过来激励效果的好坏又直接影响着员工对企业的信赖程度。

3. 打造一个有战斗力的团队，成员间的换位思考不可或缺

许多电梯里都安装了几面镜子，但安装这些镜子的初衷是什么，却很少有人知道。许多人曾为这个问题提供了好几种答案：整理仪容、扩展空间，甚至偷看美女；只有极少数的人说出了正确答案：为了方便残疾人，因为残疾人坐着轮椅进电梯后，不便于转过去看电梯到了几楼，但如果有那么一面镜子，他们就可以很方便地看看自己是不是到了目的地，适时安全离开电梯间。

前面几种答案的错误在于健康的人们常常只从自己的角度去猜测工程师安装镜子的初衷，而没有考虑到跟他们处于同一片天空下的另一群人。

同理，要打造一个有战斗力的团队，成员间的换位思考更是不可或缺。无论是发布信息还是接受信息的人，都应试着从对方的角度去理解这些信息的内涵，而不能像上面例子中的某些答案一样，仅从健康人的角度看问题而置残疾人的存在于不顾。

现实中，我们考虑问题往往从自身的角度去考虑，但是当我们尝试着从别人，从与自己位置不同的人的角度来考虑问题的时候，得出的答案会不同。对于我们团队来说，每个人应该在考虑问题的时候学会换位思考，无论是制度、要求还是意见，都应试着从对方的角度去理解这些信息的内

涵，这样的结果是更有利于自己心态的调整，从而做好自己的工作。

换位思考到底是什么呢？其实就是理解别人的想法、感受，从对方的立场来看事情。我们在企业中、团队中充当不同的角色，现实要求我们体验不同角色的内心感受，从而体验和认同他人的不同感受，真正做到感同身受，学会理解他人，体谅他人，关心他人。

换位思考是良好沟通的第一步，在人际沟通上是非常重要的，因为不了解对方的立场、感受及想法，就无法正确地思考与回应。同时，换位思考也需要一点想象力，但是不幸的是，许多人的换位思考却缺少了这一个要素。他们或是站在自己的位置上去“猜想”别人的想法及感受，或是站在一般人的立场上去想别人应该有什么想法和感受。

一般来说，卓有成效的管理者不会只从自己的角度去考虑问题，他很注重换位思考，他不仅仅注意自己的视角，更注意员工的想法，他不仅仅是要求员工去做什么，而是首先去了解自己的员工。这样的管理者不会以自己为中心，相反，他总是试图站在他人的立场看问题，设身处地地为他人着想。因为他知道，决定企业命运的，不仅仅是自己，还有员工。

美国玛丽·凯化妆公司的创办人玛丽·凯女士，在面对自己员工的时候，总是设身处地地站在员工角度考虑问题，总是先如此自问：“如果我是对方，我希望得到什么样的态度和待遇。”经过这样考虑的行事结果，往往再棘手的问题都能很快地迎刃而解。

正如《圣经》所言：“你愿意他人如何待你，你就应该如何待人。”事实证明，这条不论过去、现在或将来都适用的人生准则，对于必须与员工相处的企业管理者来说，不仅是一条再完善不过的管理行为准则，也是管理上最适用的一把沟通“钥匙”。说简单一点，就是换位思考、对等沟通。

换位思考是融洽人与人之间关系的最佳润滑剂。人们也都有这样一个重要特点：总是站在自己的角度去思考问题。假如我们能换一个角度，总是站在他人的立场上去思考问题，会得出怎样的结果呢？最终的结果就是多了一些理解和宽容，改善和拉近了人与人之间的关系，这一切都是从换位思考做起的，宽容这一美德的得来，也开始于换位思考。在一个团队之中，只有换位思考，才可能增强凝聚力。

但是，某些管理者，很少能够做到换位思考，因为他们太注重自我的感受，无法理解和接纳别人的思想，在他们眼中，别人的一切行为总是无法理解的，是荒谬的，世界上只有自己的想法是正确的、合理的。他不知道，对于团队来说，换位思考是至关重要的，因为只有在换位思考的过程中，才可能相互理解，相互宽容。而对于一个团队来说，只有这样的态度，才可能使团队的力量凝聚。对于一个管理者来说，换位思考的能力是能否成功进行管理的一个重要因素。

换位思考能有效培养团队精神，使团队和谐高效，换位思考的结果是双赢。因此，每一位团队成员都要找准自己在团队中的定位，以换位思考的方式与团队的其他成员达成共识，更好地进行沟通与理解，并且学会怀着感恩的心态去面对自己的领导与员工，真正体会到团队的重要性。

4. 彼此协作是团队生存之本

人多力量大，团结就是力量。团结就是为了集中力量，实现共同理想或完成共同任务而联合或结合，协作则指若干人或若干部门互相配合来完成任务，所以一般合起来理解就是团结协作。

一根筷子容易折断，而一把筷子却很难被折断，就是由于每根筷子互相依靠互相支撑合为一体，因而抵御外力的能力大大增加，超过了每根筷子能力的总和。在 F1 赛车比赛中，赛车在比赛过程中都需要有几次加油和换轮胎的过程。要知道，在紧张刺激的赛车比赛中，每部车都要分秒必争，因此，赛车每次加油的换胎都需要勤务人员的团结协作。一般而言，赛车的勤务人员是 22 个人，在这其中，有 3 个是负责加油的，其余的都是负责换胎的，有的人拧螺扣，有的人压千斤顶，有的人抬轮胎……这是一个最体现协作精神的工作，加油和换胎的总过程通常在 6 ~ 12 秒之间，这个速度在日常情况下，再熟练的维修工人也是无法达到的。如此快的过程，不仅有分工的原因，更是多人合作的结果。

可以说，这样的比赛，其胜利是通过团队成员充分协作来实现的。

协作共赢才是赢

松下电器公司总裁松下幸之助先生说："松下不能缺少的精神就是协

作，协作使松下成为一个有战斗力的团体。”

卡耐基先生说：“放弃协作，就等于自动向竞争对手认输。”

朗讯 CEO 鲁索先生说：“协作对于今天的企业而言，就是生命。没有协作精神的员工是对企业的极不负责任。”

协作才能发展，协作才能胜利，这是今天很多企业领导者的共识。缺乏协作精神的企业不可能获得前进，这就像几匹马拉一辆车行驶一样，当所有的马朝着一个方向，步调协调地奔跑时，这辆车才能有速度。如果几匹马朝着不同的方向前进，这辆车根本就不会前进，甚至还会导致马倒车翻。

无论是员工之间的协作还是员工和领导者之间的协作，甚至企业与企业之间的协作，在今天的商业时代里，强调的就是双赢的战略。

有这样一个故事：

拿破仑带领法国军队所向披靡。在进攻马木留克城的时候，遭到了顽强的抵抗。马木留克兵高大威猛，一个法国士兵根本打不过一个马木留克兵。军队的前进遭到了顽强的抵抗。

后来，法国人发现，两个法国士兵就可以打过两个马木留克兵，一群法国兵就可以打过一群马木留克兵。所以，法国士兵避免和他们单个人进行战斗，靠着互相协作，最终击败了马木留克兵。

原来，马木留克兵虽然强悍无比，但他们不重视合作，自己打自己的，同伴遇到了危险，也不去接应，而法国士兵却重视合作，所以才获得了胜利。

在一个团队中，协作对于员工来讲也是一种责任，因为协作才能产生巨大的战斗力，使自己的团队在激烈的竞争中获胜。当员工只是想自己怎么做才能做好，才能负起责任的时候，不妨环顾一下左右，看看是不是可以得到别人的帮助或者可以去帮助别人，找一个协作的伙伴，你们会把任务完成得更好。

今天的企业比以往任何时候都更需要协作精神，资源共享、信息共享才能够创造出高质量的产品、高质量的服务。特别是团队成员之间，每一个成员都具有自己独特的一面，取长补短、互相合作所产生的合力，要大于两个成员之间的力量总和，这就是 1+1>2 的道理。一个重视合作精神的企业才有可能在激烈的竞争中保持着胜利的纪录。对于今天的企业而言，员工之间的协作与否，直接关系到企业的生存和发展。

协作才能取得成功

团队中拥有不同才能的人，本是团队之基本要求，但若团队因分工不同而无法合作，或不知个人的职责，就无法完成企业的共同目标，彼此间争功诿过，但却不知为何而战，为谁而战，那企业终将面临难以发展的困境。

对于一个团队而言，如果团队中的成员只考虑自己的工作，而不去注意别人，很可能因协调不善而出现问题，特别是对于流水线生产，每一个环节的员工都是彼此联系在一起的，彼此之间必须有着高度的协作精神，这样才能生产出高质量的产品。如果一个环节出现了问题，就有可能导致整个流水线出现问题。对于一个企业而言，这样的损失是巨大的。

一个人所做的事情本身就是整个环节中的一部分。一个有协作精神的员工，才能真正承担起自己的工作责任，也才能真正做好自己的工作。

彼此协作，是生存的根本。无论对于个人还是企业。忽视了协作的价值，缺乏协作精神，这无异于自己断了自己的根脉。

5. 团队合作是一家企业成功的保证，也是一个人成功的前提

俗话说："鸟枪打不过排射炮，沙粒挡不住洪水冲。"同样，一个公司的团队力量就是"排射炮"和"洪水"，可以形成一股合力，让公司上下拧成一股绳，让心往一处想，把劲儿往一处使。

在企业的发展中，团队精神更为重要。强生公司认为："团队合作是一家企业成功的保证，也是一个人成功的前提。"

在沃尔玛公司，企业总结了"事业成功的10大法则"，其中有7条是和合作有关的，如与同仁建立合伙关系、激励你的同仁、凡事与同仁沟通、感激同仁对公司的贡献、倾听同仁的意见等。星巴克公司也是一个非常依赖团队获得成功的范例。他们在世界各地有近万家连锁店。为了保持优质的服务，他们规定每个员工都需要参加3个月的培训课程，不只是让员工学习如何制作优质的咖啡，更重要的是让他们学习如何与别人一起工作，使每个人都参与和分享团队的建设氛围。这些做法为星巴克在市场竞争中赢得了独特的优势。

美国自由党领袖大卫·史提尔说："合作，不仅是一种工作而已。事实上，合作是一切团队繁荣的根本。"很多企业，就是因为有了团队合作，才

走向成功的。

微软副总裁李开复博士在作客中央电视台《对话》栏目时谈道：“团队精神是微软用人的最基本原则。像 Win2000 这样的产品研发，微软公司有超过 3000 名开发工程师和测试人员参与，写出了 5000 万行代码。如果没有高度统一的团队精神，这项浩大工程根本不可能完成。”

面对社会分工的日益细化，技术及管理的日益复杂，个人的力量和智慧显得苍白无力，即使是天才个人，也需要他人的帮衬，唯有如此才能造就事业的辉煌。同样，很多企业之所以具有强大的竞争力，其根源不在于员工个人能力的卓越，而在于其员工整体团队合力的强大，其中起关键作用的是那种弥漫于整个企业的无处不在的团队精神。

合作产生 1+1>2 的效果

对于企业来说，一个优秀的团队意味着什么？一个优秀的团队，可以把企业带到永续经营的高尚境界，可以更好地达成企业的各项经营目标，可以更好地达成顾客的满意度。

合作可以产生 1+1>2 的倍增效果。据统计，在诺贝尔奖的获奖项目中，因协作获奖的占 2/3 以上，在诺贝尔奖设立的前 25 年，合作获奖的占 41%，而现在则跃居 80%。

分工合作正成为一种团队工作方式的潮流被更多的企业所提倡，如果团队能把容易的事情变得简单，把简单的事情变得容易，做事的效率就会倍增。合作就是简单化、专业化、标准化的一个关键，世界正逐步向简单化、专业化、标准化发展，于是合作的方式理所当然地成了这个时代的产物。

一个由相互联系、相互制约的若干部门组成的整体，经过优化设计后，整体功能能够大于各部门之和，产生 1+1>2 的效果。

海尔的团队是很优秀的，从一个平凡的故事就能体现出来：

1999年4月5日下午两点，一个德国的经销商打来电话，要求“必须在两天内发货，否则订单自动失效”。而两天内发货意味着当天下午所要的货物就必须装船，而此刻正是星期五下午两点，如果按照海关、商检等有关部门下午五点下班来计算的话，时间只有3个小时，而按照一般程序，做到这一切似乎是没有可能的。如何将不可能变为可能，此时海尔人优良的团队精神显示了巨大的能量，他们采取齐头并进的方式，调货的调货、报关的报关、联系船期的联系船期，全部全身心地投入到工作中，抓紧每一分钟，使每一个环节都顺利通过。当天下午五点半，这位经销商接到了来自海尔“货物发出”的消息，他非常吃惊，吃惊再转为感激，还破了“十几年”的例，向海尔写了感谢信。

海尔公司是一个成功的团队组织典型。在公司中，有各种各样的人才通力合作，共同完成任务。如果没有成员相互之间的配合，海尔团队是不可能完成这样艰巨的任务的。

比尔·盖茨曾经说过：“团队合作是一家企业成功的保证。不重视团队合作的企业是无法取得成功的。”

合作就是力量

企业团队中如果大家能够精诚团结、步调一致，那么这个企业或部门就将具有强大的竞争力，很有可能在激烈的竞争中稳操胜券。

对此可以作形象化的比喻，团队合作就好比是一个人的手，五指虽然有大有小，有长有短，有粗有细，虽然各司其职，但它们只要紧密合作，挥出为掌，则能挟裹一缕劲风；握紧为拳，则蕴涵虎虎生气。团队可以是拳头或手掌，它的威力来自于每根手指的紧密合作，这是企业赢利的基础。

曾在中央电视台看《动物世界》，节目中有这样的一个场景：

在非洲大草原上，三只瘦弱的豺狗正与一只高大的斑马进行一场生死搏斗。乍一看来，三只弱小的豺狗很难是大斑马的对手。但实际情况是，一只豺狗咬住斑马的尾巴，任凭斑马的尾巴如何甩动，也死死咬住不放；一只豺狗咬住斑马的耳朵，任凭斑马如何摇头，也绝不松口；一只稍显强壮的豺狗咬住斑马的一条腿，任凭斑马如何踢弹，一点也不敢懈怠。不一会儿，在三只豺狗的齐心攻击下，“庞然大物”斑马终于体力不支瘫倒在地，成为三只豺狗的盘中餐。

合作的力量是无穷大的，如果不是三只豺狗的团结合作，要想猎捕一只高大的斑马是不可能的。

一加一等于二，这是人人都知道的算术，可用在人与人的团给合作上，那就不再是一加一等于二了，而可能等于三、等于四、等于五……合作就是力量，这是再浅显不过的道理。

团队的力量大于个人力量之和，团队的力量是巨大的，有很多事情必须依靠团队里每一个成员相互协作、共同努力才能完成。

的确，一滴水很快就会干涸，只有投入大海的怀抱，才能永久地存在。同理，个体也只有和团队结为一体，才能获得无穷的力量。

6.激发员工的团队意识，不断增强团队凝聚力

凝聚力，是指怎样集合团队成员的所有力量。它表现为团队成员间的关系和谐顺畅，个人目标与团队目标一致。团队成员的个性色彩纷呈，凝聚在一起，就形成团队的整体个性和力量。没有凝聚力，任何团队都是一盘散沙。也就是说，没有凝聚力，即使你的团队里遍布精英，也不能成为一支高效的团队。

任何一支团队，成员之间必须团结一致，大家心往一处想，劲儿往一处使，就能无往而不胜。

团队凝聚力是维持团队存在的必要条件，如果丧失凝聚力，团队就像一盘散沙，这个团队就难以维持下去，并呈现出低效率状态，而团队凝聚力较强的团队，其成员工作热情高，做事认真，并有不断的创新行为，因此，团队凝聚力也是实现团队目标的重要条件。若要形成协调一致的团队默契，就应该努力使团队成员懂得彼此之间相互了解、取长补短的重要性，如果能做到这一点，团队就能凝聚出高于个人力量的团队智慧，随时都能造就出不可思议的团队表现和团队绩效。

团队凝聚力是企业发展过程中的一种宝贵资源，它具有无限的延展性，在企业发展过程中发挥着至关重要的作用。

如何才能激发员工的团队意识，不断增强凝聚力和战斗力呢？

（1）有明确的团队目标，并使其深入每个员工的内心。明确目标，永不言败。一个团队的奋斗目标是团队建设的旗帜，是团队建设的共同愿景，是团队未来发展的前进明灯。目标明确了，团队的所有行为都要围绕这个明确的目标进行有效运作，并且根据外部环境变化，及时调整策略，确保它的实现。从某种意义上讲，企业目标的达成有利于增强员工的成就感。

用目标统一思想，用目标凝聚人心，用目标激励斗志，即便遇到挫折也要总结经验，奋发图强，永不言败。

（2）要海纳百川，系统整合。一个优秀的团队必然是一个多元文化共同发展的团队，一个集思广益的团队，一个善于整合所有资源并谋求效益最大化的团队。只要在共同意愿的领导下，充分运用现有的人、财、物资源，为团队成员提供足够的展示空间，引导并激励员工将个人奋斗和成功融入团队的成功中去，那么资源系统的最优匹配与系统整合就能实现绩效的最大化。

（3）要了解员工心理，正确奖惩。奖励是一种心理过程，应该针对不同的团队成员设定具有个体针对性的奖励制度。同时要在充分掌握现实情况、了解员工心理愿望的基础上，将奖惩机制有机结合，才会保证团队的成功。只注重奖励，没有必要的约束手段也会导致团队失败。

（4）规范化、制度化的管理。一个管理混乱的企业对员工是缺乏凝聚力的。管理上的规范化、制度化不仅可以使员工在企业内部得到锻炼与提高，而且能够创造并实现企业公平的环境氛围。有的企业也制定了不少制度，但并没能得到执行，结果仍然是我行我素，企业领导的随意性很大，这根本不是制度化管理。制度化管理必须从严执行，所有员工必须共同遵守制度，一视同仁，不能有特殊化现象。公司对各项制度必须与员工进行充分沟通，确保制度执行到位。

（5）要树立领导的威信和建立良好的人际关系。领导者要以公司和团队的利益为重，处理问题公正、果断，不拖泥带水，让每个员工心服口服，才能在工作中发挥决策作用。领导的威信使员工有种敬畏感，可以使员工服从领导的安排与要求，而不会出现员工与领导讨价还价或不服从安排的现象。在与员工沟通的过程中，能够真诚地与员工进行沟通，让他们觉得领导平易近人，进而乐于接受。同时还可以了解到他们的个性、习惯等，为以后工作更加合理的安排提供参考。

团队凝聚力的打造是长久而艰巨的工作，我们应该热情地投身其中，自觉融入团队，培养对企业的向心力和责任感，将企业打造成一个高凝聚力的团队，在激烈的市场竞争中立于不败之地。

第五章

合理授权，提高团队成员参与度

1.合理授权的基础是信任

很多时候，团队管理者虽然授权了，但并未能达到理想的激励效果，甚至降低了员工的工作积极性。为什么会出现这种情况？这是因为他们在授权时有个关键问题——信任问题没有处理好。

授权与信任密切相关。一个团队管理者，如果不相信下级，就很难授权给下级，即使授了权，也形同虚设。有的管理者，一方面授权给下级，一方面又不放心，一怕他不能胜任，二怕他以后犯错误。缺乏信任的授权，会使员工丧失动力，降低工作效率。

有一个大集团是由几个志同道合的好兄弟合伙创建的。1993 年，总裁给弟兄们放了一次权，可由于不放心，4 天后就收回了；过了半年多，总裁再次放权，两个星期后又收回；再过半年，放权一个月，还是以收权而告终，原因只有一个：对员工不放心。

经过三番四次地放权收权，总裁对员工不信任的毛病也暴露无遗，这不但使他的“授权”毫无益处可言，该集团的领导层也因此开始相互猜疑，人心涣散，企业发展一度陷入困境。

团队授权，应该建立在信任的基础上，信任才是最有效的授权之道。团队管理者在赋予员工权力时又担心他们会犯错误，横加干预，指手画脚，这等于没有赋予权力。真正意义上的授权是要信任下属，放心让他们去承担任务。

团队管理者必须将信任贯穿到授权的始终

对员工缺乏信任，是授权激励最具毁灭性的障碍。如果要使授权的激励作用达到应有的水平，管理者必须将信任贯穿到授权的始终。这样员工在接到一项完整的工作后才会尽心尽力，善尽自己的职责；才会在工作过程中真正有所发展与改进，接受新的思想、方法和制度，把工作做好且做出成效。

1926 年，日本“经营之神”松下幸之助，想在金泽开设一家办事处。他将这项任务交给了一个年仅 19 岁的年轻人。松下把年轻人找来，对他说：“这次公司决定，在金泽设立一个办事处，我希望你去主持。现在你就立刻去金泽，找个合适的地方，租下房子，设立一个办事处。资金我已经准备了，你拿去进行这项工作。”

听了松下这番话，这个年轻的业务员大吃一惊。他惊讶地说：“这么重要的职务，我恐怕不能胜任。我进入公司还不到两年，等于只是个新进的小职员。年纪还不到 20 岁，也没有什么经验……”他脸上的表情有些不安。

可是松下对他很有信赖感。所以，松下以几乎命令的口吻对他说：“你没有做不到的事，你一定能够做到的。放心，你可以做到的。”

这个员工一到金泽，立即展开活动。他每天都把进展情形一一写信告诉松下。没多久，筹备工作就已经就绪了，于是松下又从大阪派去一些职员，顺利地开设了办事处。

为了表示对年轻人的信任，松下幸之助第二年有事途经金泽，年轻人率领全体员工请董事长去检查工作。松下幸之助拍着年轻人的肩膀说：“我相信你，你只当面向我汇报就可以了。”那位年轻人非常感动，后来办事处的业绩越来越好，年轻人圆满完成了任务。

松下幸之助回忆这件事时总结说：“一开始就以这种方式建立了很好的办事处，竟然没有一次失败……对人信赖，‘权力’才能激励人……我的阵前指挥，不是真正站在最前线的阵前指挥，而是坐在社长室做阵前指挥。所以各战线要靠他们个人的力量去作战，这反而激发起员工的士气，培养出许多尽职的优秀员工。”

信任是未来管理文化的核心，代表了先进企业的发展方向。用人固然有许多技巧，而最重要的，就是信任和大胆地委托工作。通常，一个受上司信任、能放手做事的人都会有较高的责任感，所以上司无论交代什么事，他都会全力以赴。

相反地，如果管理者不信任下属，动不动就指示这样指示那样，使下属觉得他只不过是奉命行事的机器而已，事情的成败与他无关，对于交代的任务也就不会全力以赴了。

授权后，放手让员工去做

授权，必须以团队管理者和下属之间相互信任的关系为基础，一旦你已经决定把职权授予下属就应该绝对信任，不得处处干预其决定；而下属在接受职权之后，也必须尽可能做好分内的工作，不必再事事向主管请示。

北欧航空公司董事长卡尔松大刀阔斧地改革北欧航空系统的陈规陋习，就是靠充分放权，给部下充分的信任和活动自由实现的。

卡尔松的目标是要把北欧航空公司变成欧洲最准时的航空公司。但他想不出该怎么下手。卡尔松到处寻找，看到底由哪些人来负责处理此事最为合适，最后他终于找到了合适的人选。于是卡尔松去拜访他：“我们怎样才能成为欧洲最准时的航空公司？你能不能替我找到答案？过几个星期来见我，看看我们能不能达到这个目标。”

几个星期后，这个人来见卡尔松。卡尔松问他：“怎么样？可不可以做到？”

他回答：“可以，不过大概要花6个月时间，还可能花掉你160万美元。”

卡尔松插嘴说：“太好了，说下去。”因为他本来估计要花5倍多的代价。那人吓了一跳，继续说：“等一下，我带了人来，准备向你汇报，我们可以告诉你我们想怎么干。”

卡尔松说：“没关系，不必汇报了，你们放手去做好了。”

大约四个半月后，那人请卡尔松去，并给他看几个月来的成绩报告。当然他已使北欧航空公司成为欧洲第一。但这还不是全部，卡尔松还看到，这个人还省下了160万美元经费中的60万美元，总共只花了100万美元。

领导者向下属授权后，就应信任下属，做到“你办事，我放心”，不得干预下属在职权范围内独立处理问题的权力，更不能不和下属商量，随意另行决定和下达指令。

反过来，下属被授予权力后，也必须竭尽全力做好工作，不必事事再向上级领导请示，相信领导会给自己各方面的支持。

上下级之间只有建立起相互信赖的关系，才能使授权顺利有效。否则，上级对下属疑虑重重，事事过问，而下属对上级也怀有戒心，不敢放开手脚工作，那就无所谓授权了。俗话说“带人如带兵，带兵要带心”，只有赢得下属的信任，建立相互信赖的关系，授权才能真正发挥效用。

信任并不等于放任

从某种方面讲，信任是团队管理者对员工品质、能力的充分肯定，让他们照制定的原则自己行事；但是这绝不意味着让那些不具备良好品质和突出能力的员工任意所为，以至于破坏团队形象。因此，信任是一种理解和依赖，放任则是一种散漫和纵容，作为团队管理者应当记住这一点，切勿混淆了两者的关系。所以信任员工是必需的，但不要过了分寸走上另一个极端——放任。

信任与放任是两回事。许多团队管理者常常会将信任与放任混为一谈。放任员工的后果是：不但把放权的成绩冲得一干二净，还会殃及整个企业，身为团队管理者不可不防！

不负责任地下放职权，不仅不会激发员工的积极性和创造性，反而会适得其反引起他们的不满。

高明的授权法是既要下放一定的权力给员工，又不能给他们以不受重视的感觉；既要检查督促员工的工作，又不能使员工感到有名无权。若想成为一名优秀的管理者，就必须深谙此道。

一手软，一手硬，一手放权，一手监督。只有这样的团队管理者才算深谙团队内放权之道。

要做到防止放任所带来的弊病和害处，团队管理者的用人原则应当是：委任既要有信任，也要有责任。唯有信任的委任才切实可行。

2. 不要抓住权力不放，要尽可能地授权给团队成员

在现代企业的管理中，一个管理者所管的事是十分繁重的，有经营决策之事、组织指挥之事，一切事情假如都要由管理者来管，而不是把一部分权力交给能者，让他们去办，那纵有三头六臂也是难以胜任的。

历史上，诸葛亮可谓是一代俊杰，其火烧博望、舌战群雄、七擒孟获等荡气回肠之气势，莫不显示其超人一等的智慧和勇气，广为世人传诵。然而这样一位为后人景仰的大智大慧之人，却因操劳过度而英年早逝，以至于刘皇叔白帝城托孤成空，扶不起的阿斗终将其千辛万苦创下的伟业毁于一旦，千古一叹，留给后人诸多遗憾，诸多感慨！在他人看来，诸葛亮尽心尽力劳累而亡，实是不负刘禅，更不用说对得起刘备。然而，这一切都是因为诸葛亮不懂授权之道造成的。

诸葛亮是个事必躬亲的人，蜀军上上下下，事无巨细，都由他亲自过问、领导、布置，小到军队的钱粮支出，他都要一一审查。蜀国的大小将领，也都机器般地听从他的调遣，可以说一切都在诸葛亮的掌握之中。

试想想，如果诸葛亮将众多琐碎之事合理授权给下属处理，而只专心致志地细研军机大事、治国之方，又岂能劳累而亡！凭其“运筹帷幄，决胜千里”的才智，问天下还有何人可挡？

在企业的实际工作中，许多管理者整天忙得焦头烂额，大包大揽，事

必躬亲，希望每件事情经过他的努力都能圆满完成，得到上司、同事和员工的认可。这种事事求全的愿望虽然是好的，但常常收不到好的效果。

一个管理者，能知道如何授权，就能走向成功。而一个不知道如何授权的管理者，下场是活活累死；如果不知道何时授权，会被活活气死；如果再不知道授权给什么人，肯定会被活活急死。JC朋尼公司创始人詹姆斯·致许·朋尼曾无情而诙谐地说："公司经理最可靠的自杀途径，就是固执地不去学习如何授权、何时授权及授权给什么人。"

作为一个管理者，应该积极授权，借力成事，一个真正懂得授权的管理者才是一个真正成功的人。

不做负重的"蝜蝂"

唐宋八大家之一的柳宗元在他的《蝜蝂传》里曾记载有一种名叫"蝜蝂"的小虫。这种小虫有个特殊的喜好：背东西。它见东西就背，而且东西越重越喜欢。即使有人将东西拿下来，它也要再背上去，不知休息，直至把自己累死才罢。

而在企业中，却不乏"蝜蝂"之类的企业管理者，他们不善于清点和梳理手中的权力，分不清事情的轻重缓急，事必躬亲，独自一人大包大揽。结果，在盲目的忙碌中忘记了自己的角色，将大部分时间和精力无休止地消耗在本该下属处理的事情上，荒废了主业。

美国著名的杜邦公司第三代继承人尤金·杜邦，就是一个活生生的"蝜蝂"典型。

尤金·杜邦在掌管杜邦公司之后，坚持实行"凯撒式"的经验管理模式，"一根针穿到底"，对大权采取绝对控制，公司的所有主要决策和许多细微决策都要由他独自制定，所有支票都得由他亲自开；所有契约也都得由他签订；他亲自拆信复函，一个人决定利润分配，亲自周游全国，监督公司的好几百家经销商；在每次会议上，总是他发问，别人回答……

尤金的绝对式管理，使杜邦公司组织结构完全失去弹性，很难适应变化，在强大的竞争面前，公司连遭致命的打击，濒临倒闭边缘。

与此同时，尤金本人也陷入了公司错综复杂的矛盾之中。1920年，尤金因体力透支去世。合伙者也均心力交瘁，两位副董事长和秘书兼财务长相继累死。

显然，最终将管理者击垮的不是那些看似灭顶之灾的挑战，反而是一些微不足道的鸡毛小事。追其根由，就在于企业管理者不善于授权。这也足以说明，合理授权对于管理者实现企业目标至关重要。

把手中的权力尽可能地下放

有些管理者做事，喜欢权力一把抓，大小事情统统自己动手，把员工撇在一边，造成自己整天忙得像无头苍蝇，结果每日叫苦不迭地“忙”，员工们闲得无聊地“怨”，对其工作缺乏动力和责任心……

“无权不揽，有事必废。”一个不愿授权、什么都干的管理者，什么都干不好。

在竞争日趋激烈的今天，怎样有效地管理员工，使他们达到尽可能高的生产效率并最有效地激励他们？答案就是把手中的权力尽可能地下放。

前美国参议员及贝尔公司董事长查理·波西曾经说：“在我从事管理工作的早期，曾经得到一个教训是：不要想一人独撑大局，要仔细挑选人才，雇用人才，然后授权给他们去负责处理。我发现，帮助我的部属成功，便是帮助整个公司成功，当然更是我自己个人的最大成就！”

因此，我们可以得出这样一个结论，团队管理者懂得适当地授权，对于减轻自己的工作负担，增强组织的凝聚力和战斗力，发挥下属的专长等，都具有十分重要的意义。也因此，领导力培训专家史蒂芬·柯维明确指出：

“作为管理者，别揽权在身。”

做个乐意放权的管理者

思科公司总裁钱伯斯也许是所有知名企业中最乐于放权的CEO。他非常清楚，一个人的精力是有限的，如果只靠一个人的智慧指挥一切，即使一时能够取得惊人的进展，终究会有行不通的一天。因此他非常愿意放权，这使他能够自由地旅行，尽可能多地寻找促进思科壮大发展的好点子和好机会。

在钱伯斯看来，所谓的最有能力的总裁并不是指那些大权在握、搞集权统治的独裁者，他在很早以前就知道，一个人的力量总是敌不过一群人的，如果这一群人恰好都是一些具有非凡才干的人，那么作为领导这些优秀人才的领袖无疑就是最幸运的人。

钱伯斯的乐于放权在思科公司中做了一个很好的榜样，因而员工能够在工作中发挥每个人的聪明才智，调动每个人的积极性，公司上下集思广益，群策群力。钱伯斯认为，思科公司今天的成功不仅仅是依靠首席执行官的领导，也不仅仅是依靠高层管理人员的努力，而是依靠全体思科员工的集体努力才获得的。

中国台湾奇美公司以生产石化产品ABS而位居全球行业第一，其董事长许文龙对于企业内大大小小的事情，始终是全部授权，从不作任何书面指令，即使偶尔和主管们开开会，也只是聊聊天、谈谈家常而已。很多时候，他根本不知道他的图章放在哪里，更奇怪的是，他连一间专门的办公室也没有。因为没有办公室，他只好经常开车到处去钓鱼。有一次遇到下大雨，他想去公司看一看。员工看到他时，竟然很惊讶地问他：“董事长，没有事你来干什么？”他想了想：“对呀！没有事来干什么？”于是，他很快一溜烟地开车离去了。

成功企业家刘永行先生在接受记者采访时曾说过这样一段话：“企业做大了，必须转变凡事亲力亲为的观念。一定要让职业经理人来做，强调分工合作。我原来一人管十几个企业，整天忙得不得了。后来自己明白了，是权力太集中，所以痛下决心，大胆放权。放权之后，我现在每天有七八个小时的时间在学习。因为对中国企业家而言，企业变得越来越没有国别，面临的竞争是全球性的竞争，不学习，马上就会被淘汰的！”

事必躬亲导致的结果一是效率低下，二是团队失去工作积极性。因此必须通过合理授权，使团队成员有充分发挥自己能力的平台。在必要的指导和监督下，用人不疑、疑人不用，赋予下属相应的责权利，鼓励其独立完成工作。

一个聪明的领导人，能够正确地利用下属的力量，充分发挥团队协作精神，使团队很快成熟起来。

3.给团队成员充分的自主权

组织成长的根本力量，来源于员工内在的自由观念与外在的自主权的有效结合，而不是被人们一再提起的组织战略、政策、制度。因此，造就杰出的组织要从让员工在组织中独立工作开始，让员工拥有充分的工作自主权。

有效授权就是要让团队成员有自主权，尽可能让员工感到，是自己在决定怎样工作，而不是处处由别人指使自己工作，工作过程中是自己的意志在主导，而不是别人的意志在主导，自己是自己的主人，而不是工作岗位上的木偶或傀儡。这种情况下，在取得工作成果后，员工会自豪地宣布：这是我的成就。显然，这就需要团队管理者学会放权。在员工自己的责任范围内，给员工充分的自主权，不仅是工作本身的需要，也是激发员工成就动机的需要。

美国诺顿百货公司成立于1963年，由8家服装专卖店组成，并确定了靠服务取胜而不是靠低价取胜的竞争策略。诺顿百货公司在10年中成长了10倍，达到40亿美元。创下了每平方英尺店面销售额400美元的业绩。这几乎是行业内平均水平2倍的平方英尺销售业绩。以至于它的竞争对手只要一听到诺顿要进城开设新店，就顿感惊恐万分。

诺顿的“秘密武器”就是它内部管理结构呈“倒金字塔”型。这种

“倒金字塔”结构彻底打破了传统企业内部管理结构的格局，使经营者和管理者的任务、行动发生了根本性的改变。管理者站在一线员工的背后，不断支持和主动协助员工去搞好服务工作，而一线员工获得了充分的授权，用不着层层请示，就可以自主决定怎样做才好。

关于这点，诺顿公司有明文规定。从其员工入门培训的那天起，新员工就会收到一张卡片，上面写着：“树立远大的个人和事业目标，诺顿公司的第一原则是，运用自己的良好的判断力处理一切。此外再无第二条原则。”

这种充分相信员工的自我授权原则，使他们在诺顿的“说一不二”退货制中得以超级发挥，并树立了十分宝贵的口碑。

有位企业主管在出差前拿了两件西装到该店修改，在他要赶往机场时，该店还没把西装改好，但等他到达了另一个城市的旅馆时，发现有一个他的快递包裹，里面正是已改好的西装，还附有三条价值25美元的领带，以表歉意。

诺顿百货公司的男装部营业员梅萨曾收到一封来自瑞典制造公司经理的信函，称在他这里买了2000美元的衬衫，因失误将其中一件放入热水中洗涤而缩了水，请教梅萨有什么好的专业建议，该怎么办。而梅萨当即拨通了瑞典的国际长途电话，告之那位顾客，可替他免费退换，只需将缩水的衬衫寄来，全部邮费由公司承担。这是公司员工的个人举措，是公司授权的结果。员工无论何时都在充分运用自己的能力维护着企业的形象。

正是这种主动服务，充分授权的企业文化，使诺顿百货公司服务名声如日中天。许多忠心耿耿的顾客有时会从数百公里外赶来购物。该店最忠诚的顾客，甚至称自己是“诺家帮”。

给团队成员充分的自主权，改变了传统的上令下行的管理方式，其核心就是人人都可以对分内的事情做出决定，不必事事上报。而管理者只负责对政策的执行进行观察、监督、推进。

这种做法的显著优点，在于能使员工在履行职责的工作中实现自身价值，获得较大的满足，最大限度地调动员工的主观能动性和创造性。激发员工自由发挥，释放自己的工作热情。使整个企业的工作效率大大提高。

4.让团队成员分享权力与责任

权力与责任是一个问题的两个方面，将权力下放，等于加强了员工的责任。有活力的组织一定是把权力和责任落实到各个岗位的每个员工手上，特别是最底层的员工，而不是浮在上面，更不是集中在某个人的手中。

任何工作都是责任和权力的结合体。只有责任没有权力，是一项不完整的工作。它满足不了员工的需求动机。

授权是使员工变得自信的最有效方法。在赋予员工工作的同时，赋予他们一定的权力，让他们按照自己的方式去做，这样，他们会觉得自己有力量、有能力，拥有自信，从而能释放出巨大的能量，激发出潜力，把工作完成得更完美。反之，当员工的工作仅有责任而无权力时，他们会感到自己不被赏识，对整个组织无足轻重，自然而然就会降低工作要求和目标，而且还容易自暴自弃、牢骚满腹。所以，要想调动员工的工作热情，就应该给他们权力。不要让员工在无限的责任和零权限的夹缝中工作。在那种狭小的夹缝中，工作热情和自信是不可能注入员工心中的。

团队管理者只有把应该授出的权力授予员工，员工才会愿意为工作负责，才会有把工作做好的动力。

1964 年，劳勃·高尔文接替了父亲波尔·高尔文，成为摩托罗拉公司的董事长兼最高主管。他掌管公司以后实施“让员工分享权力与责任”制度，以维持员工的进取心，从而使得摩托罗拉公司的竞争力倍增，业绩突飞猛进。

高尔文之所以实施“让员工分享权力与责任”，主要是深深感到有激发员工进取心的必要。

高尔文认为，公司愈大，员工也愈渴望分享到公司的权力。在比较小一点的公司，每一个人显然希望能感觉到自己就是老板。因此，我们现在所做的，正是要把整个公司分成很多的独立作战的团队，因为只有这样，才能够使大部分员工分享到高尔文家族所拥有的权力与责任。

高尔文相信，一个人如果能操纵自己的命运，那么他一定会比较有进取心。所以，摩托罗拉公司将仍然继续不断地去创造一些适当的环境及计划，尽量让员工多参与跟自己有关的管理工作。有一些特定计划可能通过实际执行而显得不切实际，对于这一点，高尔文一般都会具体问题具体分析，修订后改用较好的计划。但通常，计划的原则仍然是尽量创造机会，让比较多的人参与管理工作，分享权力与责任。

为了将“让员工分享权力与责任”真正落到实处，高尔文将权力下放给所属各工厂、各部门。

公司的一位高级员工说，摩托罗拉公司的管理原则是，把公司的各个部门当作相对独立的事业部门来处理。公司所属的每一个工厂、每一个部门都要有自己本身的研究及发展方向，并且有权决定一切营销活动。

为了设法让员工分享权力与责任，高尔文建立了一套明确的升迁制度。

在摩托罗拉公司，只要员工在履行责任中创造性地工作，就能获得相应的权力。例如，当某一项研究工作有了一定眉目而须组织力量进一步突破时，公司就授予你全权，所授权力之大，一般相当于公司的高级主管，有的甚至于接近公司的总经理，被称为“一人之下，万人之上”。难怪人们赞叹说：“摩托罗拉公司是技术本位者的晋升阶梯。”

权力和责任是一致的。如果只有责任，没有相应的权力，也就没有办事和解决问题的力量，那是根本不可能完成工作任务的。

利用授权来激励员工，让员工成为企业的主人，拥有当家做主的权利。这样一来，每个员工就会清楚地了解到自己的价值和责任。每个员工都蕴藏着无穷的智慧和力量，当他们感受到自己的权力和责任时，就能将这笔潜在的财富发挥出来，迸发出用之不竭的工作干劲，主动把工作做得更好而且更愉快。

5.赋予团队成员自己作决策的权力

过去的社会信息缺乏，组织结构大都为典型的金字塔式，加上以权威方式作为领导风格，因此，几乎所有的决策都依赖最高的领导者制定，决策与下级无关。但随着组织日益复杂，信息千变万化，专业分工细致，已经不是任何领导者能单独胜任的，再加上教育日渐普及，信息来源多元化，也已经不是过去领导可以独享控制的。

因此，团队中每一位成员的智慧都值得珍惜，善于运用更多人的集体智慧，便是今日团队获胜的关键。

在这个个性张扬、共性奇缺的时代，我们愈来愈迫切需要更多、更有效的团队精神来提高企业的士气。采用团队形式使管理层有时间进行战略性的思考，尤其是自我管理工作团队的形式，使管理者得以脱身去做更多的战略规划。当工作以个体为基础设计时，管理者往往要花大量的时间监督他们的下属和解决下属出现的问题，他们成了“救火队长”，而不是有效的管理者，因此很少有时间进行战略思考。运用工作团队，则能让管理者把精力主要集中在诸如中长期发展计划等重大的问题上来。要提高决策速度就要把一些决策权下放给下属团队，以便在做出决策时具有更大的灵活性。团队成员对于工作相关的问题常常要比管理者知道得更多，并且离这些问题也更近，因此，采用团队形式决策常常更迅速。

有一个极为典型的例子，可以充分说明赋予团队自己作决策的好处。

某一个夜晚，当泰森食品有限公司（Tyson Foods）的副总裁、中国区主管詹姆斯·莱斯（James Rice）在上海街头漫步时，突然被一个狭窄里弄飘来的浓烈辛香味所吸引，进去一看原来是一个小摊贩正在给滋滋作响的烤羊肉串上撒孜然粉，烤羊肉串在上海是一种颇受欢迎的夜间风味小吃。

这个意外发现让莱斯产生了一个新点子：孜然味的鸡肉条。他惊喜地说道："我终于发现了我一直在寻找的、地道的中国风味产品。"几周后，他的研发经理就拿出了一个新的食品配方，由营销团队开始组织消费者进行品尝。当新配方获得了90%的好评时，他们知道这种新产品定会一炮打响。两个月后，莱斯正式推出这种产品。

新产品的快速上市既有赖于莱斯团队的通力合作，也离不开位于阿肯色州的泰森食品公司总部给予莱斯的决策自主权，让他可以以自己认为最佳的方式自主决定如何经营中国业务。莱斯自述道："当我看到某种改进或一种新产品能让我们赚钱时，我无须经过层层申报，等上几个月再作决策。"

作为跨国公司在华业务的团队主管莱斯拥有这样的自主权，但其他团队主管就没有这么幸运了，他们则须频频征询在其他地区的上级主管的批准，即使是像调整包装和定价这样的小事也是如此。许多人要花相当的时间权衡什么情况下可以自主行动，什么情况则需要获得公司总部的许可。

一家消费品公司的经理希望能缩小产品包装，以降低成本并吸引更多收入较低的中国消费者。他把这个提议递交给了上级、负责亚洲区经营的副总裁，后者将其转交给了负责国际经营的副总裁，然后这个提议又提交到了美国的管理高层。等到这个建议获得审批，时间已经过去了5个月，他们的一家竞争对手早已推出了类似的小包装产品。

很多时候，由于企业没有赋予基层团队自己决策的权力，不仅使基层团队难以开展工作，而且还使基层团队延误战机，失去一些很好的发展机会。

世界著名的壳牌公司在组织管理上的第一大特色是部门拥有充分的自主权，公司的权力不是集中在某个人手中，而是分散于各个管理部门。各级实际管理部门可以根据结果和技术报告，自行做出决策去解决经营中所遇到的各种问题，而不必层层请示，逐级审批。部门主管可以密切地与当地顾客联系，又可以迅速地应变，以适应突如其来的外界突发事件。

这种以团队来取代企业进行的决策，为壳牌公司的发展赢得了成功。

在美国，多数企业都给予团队充分的自主权。以团队实践处于一般水平的美国康宁公司为例：它下属的各厂都引入了团队模式，其中的康宁特制网眼陶瓷（SCC）工厂，由三个高绩效工作团队构成，每个团队除了不能改变生产计划、质量标准之外，他们不受任何监督和控制。除了致力于改进工作流程之外，他们还对自己的培训、假期做出计划，决定团队入围人选，评估团队中的伙伴。

美国企业中的团队就像是企业中的自由分子式小型组织，它们拥有较大的自主权力，比较全面的组织功能，并且企业对其控制程度较弱。因此，可以称美国的团队为自由团队。

一个成功的企业，一定是善于将决策权下放的企业。这样的企业，一般从最上面的决策层到最下面的操作层，中间相隔层次极少。它尽最大可能将决策权向组织结构的下层移动，让最下层单位拥有充分的自决权，并对产生的结果负责。这样一来，企业内部就能形成互相理解、互相学习，整体互动思考、协调合作的群体，就能产生巨大的、持久的创造力。

对任何企业来说，管理权和决策权下放得越多，整个企业的能力就越强，也越灵活。

6.积极提高团队成员的参与度，让每个人都成为决策者

在现代社会中，团队管理者管理工作的最佳体现，就是能够让每个员工像关心自己的事一样关心公司的事。这就要求管理者善用团队成员的智慧，让团队成员参与管理，使他们每一个人都成为决策者。

管理者如果无视员工的参与需要，固守着传统的管理模式，只会扩大员工与管理者之间的距离，挫伤员工的主观能动性，阻碍其能力的发挥。而让员工参与管理，能够有效培养员工的价值感和主人翁责任感。通过参与，每个员工都可以清楚了解到自己的重要价值，知道自己是企业整体中不可或缺的一员。

让员工参与管理

让员工参与管理，既是对其能力的认可，也是激励员工士气的一个好方法，因为通过参与管理，可以让员工感受到那种“我不光是一个执行者，更是一个决策者”的成就感，这样，员工就会把这个企业当成自己的事业来看待。

从某种层面上讲，员工能力的发挥与员工的参与度成正比。员工参与的程度越高，员工的能力就会发挥得越充分，把工作处理得更完美。

20世纪70～90年代，日本汽车大举打入美国市场，势如破竹。1978～1982年，福特汽车销量每年下降47%。1980年出现了34年来第一次亏损，这也是当年美国企业史上最大的亏损。1980～1982年，三年亏损总额达33亿美元。与此同时工会也是福特公司面临的一大难题。当时，工会组织工人举行了一次罢工，使当时的生产完全陷入瘫痪状态。面对这两大压力，福特公司却在5年内扭转了局势。

原因是从1982年开始，福特公司除了精简机构，在生产、工程、设备及产品设计等几个方面都作了突破性改革外，还鼓励员工参与公司事务的管理，加强内部的合作性和参与感。

这种全员参与制度赋予员工参与决策的权力，进而缩短员工与管理者的距离，员工的独立性和自主性得到尊重和发挥，积极性也随之高涨。

福特公司全员参与决策制度的最主要特征是将所有能够下放到基层管理的权限全部下放，对员工抱以信任态度并不断征求他们的意见。这使管理者无论遇到什么困难，都可以得到职工的广泛支持。那种命令式的家长作风被完全排除。

在福特公司可以经常看到，在员工要求下召开越级会议，员工可以直接与高于自己几个级别的管理者进行会谈，表达自己的意见，而管理者会尽快给出解决方案。

全员参与制度的另一项重要措施就是向员工公开账目，每位员工都可以就账目问题向管理层提出质疑，并有权获得合理解释。同时，这种职工参与管理制度，在某种程度上缓和了劳资间的矛盾冲突，改变了管理阶层与员工之间泾渭分明的局面，大大减轻了企业的内耗。

全员参与制是福特公司的员工管理方法中最突出的一点。该制度的实施激发了员工潜力，为企业带来了巨大效益。参与制不仅在福特公司，而且在美国许多企业，以至于在世界各地的实践和发展充分证明：一旦劳动者参与管理，生产效率将成倍提高，企业的发展将会获得强大的原动力。

正如管理专家安德鲁·杰克逊所说：“全员参与管理这种做法对员工来说无疑产生了强大凝聚力，它使职工从内心感到公司的盈亏与自身利益息息相关，公司繁荣昌盛就是自己的荣誉，分享成功使他们士气更旺盛，而且也会激起他们奋起直追的欲望。”

每一个人都是决策者

让员工成为企业的神经元，顾名思义，就是让员工参与到企业决策当中来，即充分调动和挖掘企业中每一个员工的大脑共同思考决策，从而用多个大脑的思考来替代以往一个人的思考。这样可以实现将员工的个体和企业的整体连接起来。企业可以通过汇集员工的智慧，对一个问题做出更全面的测评，从而使企业变得更加聪明。

“让员工参与对他们有直接影响的决策是很重要的，如果希望下属全然支持你，就必须让他们参与进来，而且愈早愈好。”美国女企业家玛丽·凯认为让员工参与决策，可以得到员工全然的支持。

为什么通用电气公司连续多年在强手如林的国际企业界傲视群雄？为什么杰克·韦尔奇不断被各种组织和媒体评为最优秀的企业领袖？长期以来，这些问题一直萦绕在中国企业家的脑际。越来越多的事实告诉我们，通用电气的成功不是偶然的，群策群力的管理方法和企业文化，是给通用电气公司带来辉煌的一个重要原因。

1981 年杰克·韦尔奇接任总裁后，认为公司管理太多，而领导得太少，“工人们对自己的工作比老板清楚得多，经理们最好不要横加干涉”。为此，通用电气公司实行了全员决策制度。

这一制度使那些平时没有机会互相交流的员工、中层管理人员都能出席决策讨论会。人们在这种去除了等级差别的交谈中坦陈自己的观点，交流经验，并对一些不合理的环节和制度提出修改意见。

群策群力、全员决策这一管理制度的基本含义是公司定期召开一个为期三天的研讨会，地点设在会议中心或饭店。管理人员负责从公司上上下下各阶层中挑选出 40 ~ 100 名员工，组成研讨团。会议开始第一天，由一位经理拟定一个大体的活动日程，然后便自行退出。下一步，是将参加研讨的员工分成 5 ~ 7 个小组，每组由一名会议协调员带领。每组选定一个日程，然后开始为期一天半的研讨。在第三天，原先那位经理重新回到研讨会，听取每组代表的发言。在听完建议后，这位经理只能做出三种选择，即：当场同意，当场否决，或进一步询问情况。

参加过这种研讨会的一位公司经理阿曼德·洛宗回忆说："虽然只进行了半个小时，我却紧张极了，出了一身汗。面对着 108 条不同的提议，我要迅速地做出答复，是或不是，不能有半点含糊。"结果，除了 8 条提议外，其余全部获得通过。这 100 条提议迅速得到了实施。一年之内，为公司节约了 20 多万美元。群策群力活动提供的各项建议为公司节省了大量的时间和金钱。例如，公司根据一项提议实施的结果是，本公司的职工打败了另一家公司，赢得了为打磨机制造防护板的项目。通过这个项目，通用电气公司发现了管理上的漏洞和评估上的缺陷。

全员决策的开展，打击了公司中官僚主义的弊端，减少了繁琐程序。诸如为添置一面小镜子也要盖 10 个图章等许多人为的繁琐程序。公司总部鼓励管理人员在决策讨论中决策，不必去经过种种渠道推给上级部门或董事会。实行全员决策，更为重要的是对全体员工产生了心理上的作用，增强了他们对公司经营的参与意见，使他们的积极性得到很大激发，渴望提出合理建议以改进工作。

实行了全员决策，使通用电气公司在经济不景气的情况下取得巨大进展。杰克·韦尔奇也因此被誉为全美最优秀的企业家之一。

杰克·韦尔奇的全员决策有利于避免企业中的权力过分集中这一弊端。让每一个员工都体会到自己也是企业的主人，从而真正为企业的发展着想。

无论是采取何种形式的参与方式，关键是让员工参与到企业的决策与管理中来，以满足员工更高层次的潜在需求，使其充分发挥自身的主动性，从而提升其执行效率。

第六章

要引入竞争，也要化解冲突

1.在团队内部引入竞争机制，让员工在良性竞争中成长

韦尔奇曾经从实践中总结得出，大多数成功的管理者认识到：成功的团队来自于区别对待，即保留最好的，剔除最弱的，而且不断提高标准。但有一种误区就是认为团队内部不能有竞争，否则就称不上是团队。其实，团队精神在很大程度上是为了适应竞争的需要而出现并不断强化的。这里提及的竞争，往往很自然地被我们理解为与团队外部的竞争。事实上，团队内部同样需要有竞争。

在团队内部引入竞争机制，有利于打破另一种形式的“大锅饭”。若一个团队内部没有竞争，在开始的时候，团队成员也许会凭着一股激情努力工作，但时间一长，他发现无论是干多干少，干好干坏，结果都是一样的，每一个成员都享受同等的待遇，那么他的热情就会减退，在失望、消沉后最终也会选择以“做一天和尚撞一天钟”的方式来混日子。通过引入竞争机制，实行赏勤罚懒，赏优罚劣，打破这种看似平等实为压制的利益格局，团队成员的主动性、创造性才会得到充分的发挥，团队才能长期保持活力。

唤起员工的竞争意识

调动每个人的积极性，使每一个员工都忙碌起来，这是每一个团队管理者所希望的。要做到这一点，就要在团队内部适时引入竞争机制，唤起员工之间的竞争意识，让员工在良性竞争中成长。

竞争是激励员工的最有效手段，心理学家的实验表明，竞争可以增加50% 或更大的创造力。人人都有一种不甘落后，以落后为耻的心理，而竞争恰恰可以使人们在成绩上拉开距离，从而激励员工的上进心，激发他们的创造性思维。让人活在一个与世无争的环境之中，没有压力，人的潜力很大程度上处于被压抑状态，若团队如此，则团队就会没有活力。

每一个人都有自尊心和自信心，其潜在心理都希望“站在比别人更优越的地位上”，或“自己被当成重要的人物”。从心理学上来说，这种潜在心理就是自我优越的欲望。有了这种欲望之后，人类才会努力成长，也正是这种欲望构成人类发展的基本元素。

这种自我优越的欲望，在有特定的竞争对象存在时，其意识会特别鲜明。

只要能利用这种心理，并设立一个竞争的对象，让对方知道竞争的存在，就一定能成功地激起一个人强烈的竞争意识。

史密斯在美国加州经营了好几家工厂。但其中一个厂子的业绩始终很差，厂子里的工人也都没有干劲，不是缺席，就是迟到早退，交货总是延误。而且该厂产品质量低劣，消费者的抱怨和投诉不断。该厂的管理者也想尽办法，想激起员工们的工作士气，但始终不见效果。

于是，史密斯决定亲自出马解决这个难题。这个工厂采用昼夜两班轮流工作制，史密斯在日班下班的时候，在工厂门口拦住一个正要下班的工人："你们这一班今天制造了几部暖气机？"

"6部。"

史密斯不说一句话，在地板上用粉笔写下一个大大的阿拉伯数字"6"，然后离开了。

夜班工人上班时，看到地板上那个"6"字，就问这是什么意思。"大老板今天来这儿了，"那位日班工作的员工说，"他问我们制造了几部暖气机，我说6部，他就把它写在了地板上。"

第二天早上，史密斯又来到工厂。看到夜班工人已把"6"擦掉，写上一个大大的"7"，就满意地离开了。

日班工人早上来上班时，当然看到了那个大大的"7"字。一个爱激动的工人大声叫道："这意思是夜班工人比我们强，我们要让他们看看到底是谁强！"他们加紧工作，那晚他们下班之后，留下一个颇具威胁的"10"。

就这样，两班工人竞争起来。不久之后，这家产量一直落后的工厂，终于超过了其他的工厂。

仅仅用一个小小的数字"6"就改变了工厂的面貌，这个小小的"6"，解决了打骂甚至开除都办不到的事情。史密斯的高明之处在于唤醒了工人的竞争意识，以此来激发员工的工作能力。

在对下属的管理中引入竞争机制，让员工都有竞争的愿望并能投入到竞争之中，企业的活力将永不衰竭。

业绩永远是比出来的，只有通过不断竞争，员工才会激发他全部的潜能。两个人跑步要比一个人跑轻松，竞争可以将人的荣誉感激发出来。要想让团队更优秀，除了设计一套加强凝聚力的制度外，引入竞争机制非常重要。人都有惰性，可是当竞争性表现出来的时候，为了团队的荣誉奋力一搏的时候，他的全部潜能都会迸发出来。

让员工在良性竞争中成长

每个人对美好的事物都有羡慕之心。这种羡慕之心来源于对别人拥有而自己没有的好的东西的向往。

有的员工羡慕别人的长处，就会鞭策自己，努力工作，刻苦学习，赶超对方。这种人会把羡慕渴求的心理转化为学习、工作的动力，通过与同事的竞争来缩短彼此间能力的差距。这种良性竞争对团队有着很大的好处，它能促使团队内的员工之间形成你追我赶的学习、工作气氛，每个人都积极思索着如何提高自己的能力，掌握更多的技能，从而取得更大的成就。这样一来，整个团队的整体水平就会不断地提高，充满生机与活力。

但并不是所有的人都明白“临渊羡鱼，不如退而结网”的道理，他们中的某些人也会由羡慕转为忌妒，甚至是嫉恨。这种人不但自己不思进取，相反还会想出各种见不得人的花招打击比他们强的人，通过使绊、诬蔑等手段来拉先进的后腿，让大家扯平，以掩饰自己的无能。这种恶性竞争只会影响先进者的积极性，使得团队内人心惶惶，员工之间戒备心变强，提高警惕以免被暗箭所伤。如果整个团队内长时间形成了这样的气氛，那么员工的很大一部分时间与精力都会耗在处理人际关系上。就是管理者也会被如潮而来的相互揭发、抱怨给淹没。这样的团队还能有什么指望呢?

管理者是团队的核心与希望，一定要留心团队内的气氛，要能认识到，下属之间肯定会存在竞争，但竞争分为良性竞争和恶性竞争，主管的职责就是要遏制下属之间的恶性竞争，积极引导他们之间的良性竞争。

企业就好比一台大机器，每个员工都是机器的一个组成部分。管理者的职责就是激励这台大机器的各个部分，引导员工们进行良性竞争，让大家心往一处想，力往一处使。只有这样，员工的工作能力才会越来越强，公司这台大机器才能越转越好!

2.引进外来人员激发团队活力

团队的活力根本上取决于团队全体成员的进取心和敬业精神，取决于全体成员的活力，一个团队如果人员长期固定不变，就会缺乏新鲜感和活力，容易养成惰性，缺乏竞争力。

美国管理学家柯维博士指出：“一份好的事业便等于安定，于是，我们常常为争取安定甚至不惜放弃进步。”有些团队成员犯的也许正是这个错误，认为只要“做一天和尚撞一天钟”就可以享受安定，以至于不思进取。但在今天这种高速发展的社会，不论团队还是个人都是逆水行舟，不进则退。如果企业经营者真正意识到人才激活的重要性，并能积极引进一流人才，激发团队成员活力，那么团队全体成员的潜能将会被激发到最佳状态。

为团队寻找“鲶鱼”

日本本田汽车公司的总裁本田宗一郎曾面临这样一个难题：公司里东游西荡、人浮于事的员工占了大约两成，这类员工严重拖企业的后腿，但将这些员工全部开除也不妥当。一方面有工会方面的压力；另一方面，又会使企业蒙受损失。其实，这些人也能完成工作，只是与公司的要求与发展相距远了一些，如果全部淘汰，显然是行不通的。

于是，本田宗一郎找来了自己的得力助手、副总裁宫泽。宫泽认为，要有效地解决这个难题，公司必须想办法使各级管理人员充满活力。

接着，宫泽给本田讲了一个挪威人捕沙丁鱼的故事，引起了本田极大的兴趣。故事讲的是：

挪威渔民出海捕沙丁鱼，如果抵港时鱼仍活着，卖价要比死鱼高出许多倍。因此，渔民们千方百计想法让鱼活着返港。但种种努力都失败了。只有一艘渔船总能带着活鱼回到港内，收入丰厚，但原因一直未明，直到这艘船的船长死后，人们才揭开了这个谜。原来这艘船捕了沙丁鱼，在返港之前，每次都要在鱼槽里放一条大鲶鱼。放鲶鱼有什么用呢？原来鲶鱼进入鱼槽后由于环境陌生，自然向四处游动，到处挑起摩擦，而大量沙丁鱼发现多了一个“异己分子”，自然也会紧张起来，加速游动。这样一来，就一条条活蹦乱跳地回到了渔港。

本田听完了宫泽的故事，豁然开朗，连声称赞这是个好办法。

宫泽说道：“其实人也一样，只有强烈地感到外来压力和竞争气氛，员工才会有紧迫感，才能激发进取心，企业才有活力。”

本田听后说：“那我们就找一些外来的‘鲶鱼’加入公司的员工队伍，制造一种紧张气氛，发挥鲶鱼效应。”

于是，本田进行了人事方面的改革，特别是销售部经理的观念离公司的精神相距太远，而且他的守旧思想已经严重影响了他的下属。必须找一条“鲶鱼”来，尽早打破销售部只会维持现状的沉闷气氛，否则公司的发展将会受到严重影响。经过周密的计划和努力，终于把松和公司销售部副经理、年仅35岁的武太郎挖了过来。

武太郎接任本田公司销售部经理后，凭着自己丰富的市场营销经验和过人的学识，以及惊人的毅力和工作热情，受到了销售部全体员工的好评，员工的工作热情被极大地调动起来，活力大为增强。公司的销售出现了转机，月销售额直线上升，公司在欧美市场的知名度不断提高。

本田对武太郎上任以来的工作非常满意，这不仅在于他的工作表现，还在于销售部作为企业的龙头部门带动了其他部门经理人员的工作热情和活力。本田深为自己有效地利用“鲶鱼效应”的作用而得意。

从此，本田公司每年重点从外部聘用一些精干的、思维敏捷的、30岁左右的生力军，有时甚至聘请常务董事一级的“大鲶鱼”。这样一来，公司上下的“沙丁鱼”都有了触电式的感觉，从而使整个公司生机勃勃。本田公司自从推行了鲶鱼效应管理办法以后，企业的产品质量和产量大大提高，促销工作也大为见效，公司因此很快步入了大企业行列。

当企业内部缺少活力，员工懒散、没有斗志的时候，从外部引入“鲶鱼”可能是非常好的一个解决办法，就像激活沙丁鱼那样激活自己的员工。同时，优秀团队成员的引进还可以带来先进的管理经验和专业技术。

引入竞争机制，盘活人才“库存”

在团队内部引入竞争机制，有利于盘活人才“库存”，使整个团队展现勃勃生机。

某自动化研究所机关自1998年改革以来，实行“按岗聘任，竞争上岗”的用人机制，共录用或调入11名新进人员，占现有人员的37%，其中博士4名，硕士2名，双学士1名，学士3名，大专1名，并且有近一半担任了领导职务。

在新进的人员当中，不乏做出突出成绩者。他们不仅带来了新的思想、新的理念、新的活力，同时也带来了新的压力。机关人员不仅面临着内部的竞争压力，因为要在众多优秀人才中脱颖而出就意味着势必要付出更多的努力；同时还面临着外部的竞争压力，因为机关岗位两年为一个聘期，并且面向社会公开招聘，竞争上岗，这就意味着手里端的不是铁饭碗。与压力相伴而行的就是前进的动力，“做一天和尚，撞一天钟”的思想在新的环境、新的文化下已完全没有了市场，为了不被淘汰，为了获得向上发展的空间，所有人都积极进取，努力发挥潜能。因此，竞争机制的引入，激发了员工的积极性、主动性和创造性，增强了机关的活力。

此外，在团队内部引入竞争机制，有利于团队结构的进一步优化。团队在组建之初，对其成员的特长优势未必完全了解，分配任务时自然也就不可能做到才尽其用。引入竞争机制，一方面可以在内部形成“学、赶、超”的积极氛围，推动每个成员不断自我提高，另一方面，通过竞争的筛选，可以发现哪些人更能适应某项工作，保留最好的，剔除最弱的，从而实现团队结构的最优配置，激发出团队的最大潜能。

3.激发团队中建设性冲突，保持企业经营活力

在讲求团队精神的今天，企业组织内部不愿意成员间发生冲突。但正如月有阴晴圆缺一样，冲突是企业组织管理中无法回避的问题。越是有竞争性的企业，越是充满活力的企业，内部冲突也越激烈，甚至可以说冲突是一种常态。我们换个角度看，冲突也并非全是坏事。相反，恰当激发良性冲突、尽量避免恶性冲突，还有助于激活企业创新性管理。

陈晓萍博士是国际著名的组织行为和人力资源管理专家、美国华盛顿大学商学院终身教授。她在北京举办的“打造卓越团队”论坛上说：任何一个团队，都会在工作过程中出现不同形式的冲突。冲突并不总是坏事情。实际上有一些冲突可以带来建设性的价值。在团队内部有很多不同类型的冲突。例如，“目标冲突”与工作的内容和目标有关，“关系冲突”集中在成员之间的人际关系，而“过程冲突”是与如何完成工作有关的。研究表明，“关系冲突”几乎都是对工作没有好处的，是应该避免的。从另一方面讲，比较少的“过程冲突”和比较适度的“目标冲突”总能对团队绩效有积极的作用，因为这些冲突会激发团队内的一些新理念、新方法讨论，从而使团队做得更好。

西门子管理学院高级培训顾问夏晓明说：大部分人都认为冲突是件消极的事情，但一个公司、一个企业内部有时需要有冲突。因为冲突有两种：

建设性冲突和破坏性冲突（良性冲突和恶性冲突）。当冲突出现时，如何化解冲突，如何把破坏性冲突变成建设性冲突，如何激发建设性冲突，这些是经理们要面对的课题。

建设性冲突助力管理

团队合作一个最大的阻碍，就是对于冲突的畏惧。这来自于三种不同的担忧：过于激烈的冲突往往会引发团队内部的分裂，带来不和谐音符；在冲突中受打击的一方不仅会伤及自尊，同时也会对成员的自信心造成很大的影响，不利于团队整体工作效率的保持和提升；还有一些管理者把冲突视为对领导权威的挑战。

因此，很多团队管理者都力求通过避免意见分歧来巩固自己的团队。其实他们的做法是扼杀建设性的冲突，将需要解决的重大问题掩盖起来。久而久之，这些未解决的问题会变得更加棘手。

冲突是组织存在和发展中不可避免的现象，适度的、建设性的冲突将有利于变革组织的停滞状态，是组织创新的催化剂。这样的冲突是有助于管理的，很多企业故意在组织中构建冲突。

光谱联合公司 (Spectrum Associates) 是一家发展迅速的小型软件公司。公司于 1988 年开始运行，当年总收入仅 40.4 万美元，可仅 5 年时间，公司的总收入增长 60 倍，达到将近 2500 万美元。

光谱联合公司的创业者把公司的成功大部分归功于他们的组织结构方式。公司中的所有生产团队和支持群体都相互竞争内部资源和外部市场，创业者们信奉自由企业制度，他们试图创建的组织是优胜劣汰的，也就是说，最合格的团队不断成长发展，而劣质团队则被淘汰。

一位创业者说：“公司要得到发展，就必须保证没有人在这里感到安闲舒适。”该公司在内部激发了其他公司在外部面临的问题。通过设置内部群体之间的竞争，公司激发了员工在外部市场中面对的经费压力、运输压力、发展压力。其结果使员工总处于充分的备战状态。员工说："这对我们很有好处，在一定程度上的不安全感是非常有益的。"

光谱联合公司的做法实际上是在公司里创立了一群不同的企业，这些企业都在竞争组织中有限的资金和人力。因此，与那些传统的，仅与其他企业竞争的公司相比，该公司的员工不得不与内部的群体相互竞争。

企业内部良性、正常的冲突是有利于企业组织成长的。被奉为全球成功企业家典范的 GE 公司前任 CEO 杰克·韦尔奇就十分重视发挥建设性冲突的积极作用。他认为开放、坦诚、建设性冲突、不分彼此是唯一的管理规则。企业必须反对盲目的服从，每一位员工都应有表达反对意见的自由和自信，将事实摆在桌上进行讨论，尊重不同的意见。韦尔奇称此为建设性冲突的开放式辩论风格。正是这种建设性冲突培植了通用公司独特的企业文化，从而成就了韦尔奇的旷世伟业。

被称为"日本的爱迪生"的盛田昭夫则从自己的管理实践中体会到，通过一定的途径和方式激发良性冲突，让员工表达自己的不满、发表批评意见于企业非但不是不幸，反而有利于培养上下级一体的工作关系，使组织少冒风险。盛田昭夫在公司里鼓励大家"公开提出意见"，即使对自己的上司，也不要怕因公开提出意见而发生冲突。他认为，"不同的意见越多越好，因为最后的结论必然更为高明"，"公司犯错的风险才会减少"。

对于团队管理者来说，要提倡建设性冲突，激发积极性，活跃创造力，推动生产效率的提高；并且必须控制、减少对抗性冲突。

适时适度激发冲突，保持企业经营活力

冲突有正面作用，也有负面影响。作为一个团队，没有冲突，显得毫无生气；若冲突过多，却会显得乱糟糟。

冲突管理一方面需要对可能发生的破坏性冲突积极处理并尽可能淡化，而另一方面，也是最需要管理者正视的一面，即要求管理者适时适度，激发冲突。在一些情况下增加冲突是具有建设性的，一旦员工都保持沉默，少说少做，一团和气，企业就会失去活力，公司的利益将大受影响。管理者要做到以下几点：

（1）鼓励冲突。激发建设性冲突的首要一步是鼓励冲突，要向下属传递这样的信息，冲突有其合法地位，严重的不是冲突本身，而是破坏性冲突的结果，并以自己的行动加以支持，应该对那些敢于向现状挑战，倡议革新观念，提出不同看法和进行独特思考的个体给予大力奖励，如晋升、加薪或采取其他强化手段，激发竞争、优胜取代平庸的工作动机，振奋创新精神，发挥创造力。

（2）运用沟通。良好的沟通是激发良性冲突的最好办法。作为管理者要带头参与沟通，直接激发良性冲突。比如，由于良性冲突在GE公司新建立的价值观中相当受重视，该公司经常安排员工与公司高层领导进行对话，韦尔奇本人经常参加这样的面对面沟通，与员工进行辩论。通过真诚的沟通直接激发与员工的良性冲突，从而为改进企业的管理做出决策。在运用沟通激发冲突时，要特别注意运用非正式沟通来激发良性冲突。

（3）引入竞争。就是要在企业中有意识地加大竞争力度，制造“鲶鱼效应”。冲突的重要原因就是竞争，一个没有内部竞争的企业要想激发冲突特别是良性冲突是不可能的。如果一个企业长期听不到不同的声音、反对的意见，就有必要去挖掘和提升内部“鲶鱼型”员工，或通过从外界招聘方式引进背景、价值观、态度或管理风格与当前群体成员不相同的个体，引导其直接与原有企业员工产生良性冲突。

（4）有目的地招聘或任命“吹毛求疵者”，以树立组织的对立面，激发冲突。

4.巧妙化解团队成员之间的冲突

冲突，一个领导不愿意听到的词，一种领导不愿意看到的现象，然而冲突在我们的组织和团队里不可避免地存在着。

冲突的含义很广，它既包括人们内心的动机斗争，比如要对一件事情进行抉择；也包括外在的实际斗争，比如争吵、打架、战争等等。从管理心理角度来讲，可以把冲突看成是两种目标的互不相容或互相排斥。团队冲突，就是员工与员工之间、员工与组织之间的目标、认识或情感互不相容或相互排斥而产生的结果。

团队内部的部门、组织和人员构成复杂，又互相关联、互相依赖，冲突在所难免。一个再完美的团队，团队成员之间也会发生冲突。

事实上，每个团队都会经历各种冲突。例如，人们可能会就如何着手完成任务和确定项目的重要事项产生分歧，或者某位成员可能会断定另一位成员比较固执、保守或挑剔。当冲突发生时，人们的情绪会变得激动，并且逐步升级。还没有来得及搞清是怎么回事，团队的两位成员就已经在相互指责对方敷衍了事。这样，可能就会使成员在以后的一段时间内不能充分发挥自己的积极性。

然而，即使是最激烈的冲突也会大有裨益，前提是要巧妙地处理它。

及时解决员工之间的冲突

一位经理一早刚刚上班，两位员工就气呼呼地向他告状了。这是因为两位员工为了人员调动的事情争执起来，结果双方争吵不休。为了这件事，两位员工越吵越厉害，终于气冲冲地找经理评理来了。

作为团队管理者，在这个时候就不得不处理必然要遇到的微妙局面：两位员工之间的冲突。解决员工之间的冲突可能比解决任何难题都需要更多的技巧和艺术。在冲突大规模升级之前，该做些什么才能使之消弭于无形呢?

一方面，必须意识到，冲突不会自行消失，如果置之不理，员工之间的冲突只会逐步升级。作为团队领导，有责任在团队里恢复和谐的气氛，及时解决员工之间的冲突。

另一方面，处理下属之间的矛盾还需要讲究策略。若处理得好，双方化干戈为玉帛，共同进步；若处理不当，矛盾终会“白热化”，这无疑是领导的失败。

在团队里，你的下属之间发生摩擦，作为上司的你会采取什么样的态度？一般说来，要从下面几个方面来化解冲突：

如果两个员工是因公事发生矛盾，告状告到你跟前，请将两人分开接见，避免两人当面争吵，使事态更趋恶化。单独接见时，一定要让下属平心静气地把事情的始末讲述一遍。此时你最好不要插话，更不能妄加批评，要着重在淡化事情上下功夫。事情往往是“公说公有理，婆说婆有理”，两个人所讲的当然会有出入，且都有道理，但是领导一定要明白大方向。在你没经过深思熟虑之前，即便已经判断出了“公理”把握在谁的手中，也不能立刻就表明立场。做到心中有数就行了，不要公开指出谁是谁非，以免进一步影响两人的感情。告诉两人，你已经知道事件的真相，今后两个人还必须为了团队的利益精诚合作。

如果事情纯属私事，分别召见两人，对他们说："我不知道也不打算知晓你们之间的恩怨，但我的工作作风是，要所有员工通力合作，不容有误，希望你们清楚这点……"

在有些团队里，下属分成新旧两派，时有矛盾。彼此心存芥蒂只会费时误事，又伤和气，工作做不好，这种情况必然影响到团队的发展。

在解决问题之前必须先了解问题所在，一般新踏入社会的年轻人多自以为是，觉得学历胜人一筹，又富有创新意识，锋芒毕露；而年老的员工经验丰富，倚老卖老，视新人为毛头小子，不屑一顾。

其实双方均有一定的责任。解决这一矛盾，领导不妨当众赞赏老员工经验老到，亦对新人的冲劲儿十足表示欣赏。还有，多制造大家一起娱乐的机会，尤其是工余时间，促进双方的了解，借以拉近距离，消除隔阂。

协调好团队人员的关系不是简单的事情，领导一定要以团队发展为重，使员工各安其位，精诚团结，唯如此才可以说是称职的领导。

巧妙地给冲突的员工降降火

在团队内部，员工之间难免出现这样那样的矛盾，甚至发生争执，闹得不可开交。这种冲突的产生不仅使个体体验到一种过分紧张的情绪，而且还会影响正常的组织活动与组织秩序。团队管理者面对冲突，既不能视而不见，也不要贸然行事，而要想方设法控制与解决。

当下属间出现摩擦时，管理者首先要保持镇静，不要因此风风火火，甚至火冒三丈，这样无异于火上浇油。不妨来个冷处理，先让双方发热的脑袋降降温。这样可以省去许多麻烦，还会收到意想不到的效果。在这方面，日本索尼公司为我们提供了一个很好的典范。

日本索尼公司特意创造了一种饶有兴趣的化解冲突法——五房间熄火

法。当员工之间发生冲突时，冲突的双方在厂方的安排下，需要先后进入五个房间：

第一个叫“哈哈镜室”。满脸怒容的员工进入后，先照哈哈镜，看到哈哈镜中扭曲变形而又怪模怪样的自己，员工会忍不住笑起来，俗语说“一笑解千愁”，在笑声中员工自然消了怒气，脸色开始有所缓和。

第二个叫“傲慢相室”。里面有一个橡皮造的塑像斜眼看着你，表示蔑视和看不起。这时工作人员让闹意见的员工拿橡皮榔头去打那个傲慢塑像，让闹意见者尽情发泄还未消尽的气，以达到心理的平衡。

第三个叫“弹力球室”。墙上绑着一个球体，连着强力橡皮筋，叫闹意见者使劲拉开球后放开，球打在墙上马上反弹回来，击中闹意见者的身体，旁边工作人员会问：“你痛不痛？”“为什么会痛？”然后告诉闹意见者，这叫“牛顿定律”，有作用力就有反作用力，你去惹人家，人家就会报复你。让员工冷静想一想这其中的道理。

第四个房间，是公司的“劳资、劳工关系展览室”，让闹意见者认真观看过去资方是怎样关心员工的以及职工之间怎样互相友爱的实例，以加强对闹意见员工心理的触动，引导他们反思自己的言行。

经过上述四个房间后，经理在第五个房间等候。

第五个房间叫“思想恳谈室”，经理征求闹意见双方的意见，看矛盾如何解决。而员工经历了四个房间，这时大多已冷静下来，双方一般情况下都会主动解决矛盾，心平气和地接受批评或做自我批评。矛盾解决妥当后，经理对两人还要勉励一番，并给予物质奖励。

对团队内部的各种矛盾，及时“化干戈为玉帛”，理顺员工关系，维护企业内部的“人和”环境是十分重要的。有效的方法是遵循人类的心理规律，通过心理疏导，唤起员工的理智，让员工自己解决矛盾，实行自我教育，摆脱消极情绪对心理趋向的左右，在心理相融的气氛中，和平地解决冲突。

5.用好团队中的“马蝇”

1860年，林肯当选为美国总统。有一天，有位名叫巴恩的银行家到林肯的总统官邸拜访，正巧看见参议员萨蒙·蔡思从林肯的办公室走出来。于是，巴恩对林肯说：“如果您要组阁的话，千万不要将此人选入您的内阁。”

林肯奇怪地问：“为什么？”

巴恩说：“因为他是个自大成性的家伙，他甚至认为他比您伟大得多。”

林肯笑了：“哦，除了他以外，您还知道有谁认为他自己比我伟大得多？”

“不知道，”巴恩答道：“不过，您为什么要这样问呢？”

林肯说：“因为我想把他们全部选入我的内阁。”

事实证明，巴恩的话是有道理的。蔡思果然是个狂态十足、极其自大，而且妒忌心极重的家伙。他狂热地追求最高领导权，本想入主白宫，不料落败于林肯，只好退而求其次，想当国务卿，林肯却任命了西华德，无奈，只好坐第三把交椅——当了林肯政府的财政部长。为此，蔡思一直怀恨在心，激愤不已。不过，这个家伙确实是个大能人，在财政预算与宏观调控方面很有一套，林肯一直十分器重他，并通过各种方法尽量减少与他的冲突。

后来，目睹过蔡思种种状况，并搜集了很多资料的《纽约时报》主编亨利·雷蒙顿拜访林肯的时候，特地告诉他蔡思正在狂热地上蹿下跳，谋求总统职位。林肯以他一贯以来特有的幽默对雷蒙顿说：“亨利，你不是在农村长大的吗？那你一定知道什么是马蝇了。有一次，我和我兄弟在肯塔基老家的农场里耕地。我吆马，他扶犁。偏偏那匹马很懒，老是磨洋工。但是，有一段时间它却在地里跑得飞快，我们差点都跟不上它了。到了地头，我才发现，有一只很大的马蝇叮在它的身上，于是我把马蝇打落在地。我的兄弟问我为什么要打掉它，我告诉他，不忍心马被咬。我的兄弟说：‘哎呀，就是因为有那家伙，这匹马才跑得那么快。’”然后，林肯意味深长地对雷蒙顿说：“现在正好有一只名叫‘总统欲’的马蝇叮着蔡思先生，只要它能使蔡思那个部门不停地跑，我就不想打落它。”

马群为何总是给人以充满活力的感觉？因为马蝇对它的叮咬时刻都不放松。在任何一个马群里，都可以发现这个充满哲理的现象：马蝇会不时地在马匹身上叮上一口。马被其叮咬后，疼痒难忍，便用尾巴不停地驱赶；若拂之不去，就会发足狂奔，企图将其甩掉。结果被叮咬的马不仅没有血尽身亡，反而由于不停运动，生命力更加旺盛。

某种程度上说，企业组织类似于马群。而那些个性鲜明、我行我素，同时又是能力超强、充满质疑和变革精神的员工，就是企业中的“马蝇”。在一些组织中，他们被叫做“问题员工”，或者“刺头”，甚至上了“黑名单”，因为他们难于管理。

几乎每家企业，都有这样的“刺头”。这种“刺头”实际上是企业的“非常之才”。拥有一般人不可替代的特殊能力。大家所熟悉的《西游记》中“齐天大圣”，就是这种非常之才。唐僧要去西天取经，不可缺少“齐天大圣”。企业要发展，更不可缺少非常之才。

非常之才是员工中很特殊的一个群体：他们承担着很大的责任，发挥着很重要的作用，同时有着特别的个性、心理、习惯、需求和欲望。无论是在企业还是社会领域，非常之才往往桀骜不驯，这似乎是个通病。很多非常之才经常表现为恃才傲物，团队合作性不强，爱跟上司顶撞等；但另一方面，非常之才往往有过人的技能，有锐气，有不断的创意，而这又是企业极为需要的。正是因为有了这些特点，非常之才在企业里往往让管理者又爱又恨，爱的是他们的业绩突出，恨的是他们难以管束。这也是很多非常之才容易被人戏称为“刺头”的缘由。

作为“刺头”的上级，更多的是要具有一种开放的心态，包容的胸怀。所谓桀骜不驯，是有一个度的。在一定的度之内，是可以包容的，比如有些“刺头”不过是骄傲一点，如果对于工作没有太大的影响，仅仅是对上级不敬而已，恐怕用不着要“大开杀戒”。即使有些“刺头”缺乏团队合作精神，也可以通过引导、激励和督促，逐步培养其合作精神，而不必急着把他扫地出门。

有一个经典故事经常被管理界引用，这个故事来源于新近翻译出版的IBM商业魔戒三部曲之《小沃森传》中：

1947年，小沃森刚刚接手IBM销售副总裁。一天，一个中年人沮丧地来到他的办公室，提出辞职，因为他原来的导师柯克和小沃森是竞争对手，他确信小沃森主政后会把他挤垮。这个中年人就是曾任销售总经理的伯肯斯托克，才华横溢但一度受挫。没有想到，小沃森对他笑着说：“如果你有才华，就可以在我的领导下展现出来，在任何人的领导下，而不光是柯克！现在，如果认为我不够公平，你可以辞职。但如果不是，你就应该留下来，因为这里有很多机会。”

伯肯斯托克留了下来，并在后来为IBM立下了卓著功勋。小沃森说：

“在柯克死后，留下他是我最正确的做法。”事实上，小沃森不仅挽留了伯肯斯托克，他还提拔了一批他并不喜欢但却有真才实学的人。

这个故事体现的精髓，后来构成了 IBM 企业文化的一个重要来源——吸引、激励、留住行业中最好的人才。如今这已成为 IBM 人力资源工作的宗旨。而从另外一个角度来说，伯肯斯托克是 IBM 历史上一只很大、很厉害的“马蝇”。

团队中的“马蝇”会促使领导者不断完善自己的团队。作为一个管理者，你最大的成就就在于构建并统帅一支由各种不同的专业知识及特殊技能的成员组成的，具有强大战斗力与高度协作精神的团队，不断挑战更高的工作目标，不断创造更大的绩效。为此，你需要像林肯一样，善于运用自己的智慧，利用“马蝇效应”，把一些很难管理，然而又是十分重要和关键的员工团结在一起，充分发挥他们的作用，不断为公司创造更大绩效。

6.制造危机氛围，让团队成员时刻保持高度警惕性

19世纪末，美国康奈尔大学做过一次著名的实验：

实验人员捉来一只健硕的青蛙，冷不防把它丢进一个煮沸腾的开水锅里。这只反应灵敏的青蛙在千钧一发的生死关头，说时迟、那时快，用尽全力，跃出那势必让它葬身的水锅，安然逃生。

隔了半个小时，他们使用一个同样大小的铁锅，这一回往锅里放入冷水，然后把那只刚刚死里逃生的青蛙放进锅里。青蛙自在地在水中游来游去，接着实验人员在锅底偷偷地用炭火加热。青蛙不知究竟，自在悠闲地在微温的水中享受“温暖”。

慢慢地，锅中的水越来越热，青蛙感觉不妙了，但等到它意识到锅中的水温已经熬受不住，必须奋力跳出才能活命时，为时已晚，它欲跃乏力，全身发软，呆呆躺在水里，坐以待毙，直至被煮死在锅里。

这个试验耐人寻味。为什么那只青蛙一接触到热水锅时能逃脱厄运，而在慢慢加热的冷水锅中就不能幸免于难呢？根本原因，还在于其对所处环境变化觉察不到，满足于舒服的眼前环境，对未来的恶劣环境预料不足，以至于逐步丧失了抵御外界恶劣环境的能力。

一些团队在创业之初，对市场环境保持了高度的敏感，热衷于创新与改革。但往往在团队取得一些成绩之后，就渐渐对市场变化失去察觉，没有了危机意识，最终被竞争对手打败。作为团队的领导者，如果你希望把自己的团队发展得更加强大，希望自己的团队能长久地发展，就必须在团队中制造一种危机氛围。不仅要让团队成员感觉到海面波涛汹涌，更要让他们感觉到海底暗流涌动，要让他们时时警惕，处处小心。只有有了这种危机意识，才能调动团队成员的积极性，才能改进自己的工作，才能有所创新。

点燃危机意识的火苗

在团队中，迫在眉睫的危机或亲身体验的问题才会容易吸引团队成员的注意力。因此，团队领导者需要培养成员对团队内外变化的敏感度，能预先观察到危机的信息，并将危机信息传达给团队的成员，建立团队的共识，激活团队变革动力以应对环境的变化。有人说要叫大象跳舞，最好的方式就是放一把火。同样的道理，要让团队保持变革的活力与动力，点燃危机意识的火苗是必要的手段。

波音公司曾经制作和播放波音公司倒闭的假想新闻，其目的是唤醒员工的危机意识。

20世纪90年代初，波音公司产量大幅下降，为走出经营低谷，波音公司决定“以毒攻毒”，危机面前，自曝惨状，以刺激员工，获取员工支持，达到复兴的目的。

为此，波音公司自己摄制了一部虚拟的电视新闻片：在一个天色灰暗的日子，众多的工人们垂头丧气地拖着沉重的脚步，鱼贯而出，离开了工作多年的飞机制造厂。厂房上面挂着一块“厂房出售”的牌子。扩音器传来：“今天是波音时代的终结，波音飞机公司关闭了最后的一个车间……”

画面反复播放。这则企业倒闭的电视新闻使员工们强烈地意识到市场竞争残酷无情，市场经济的大潮随时都会吞噬掉企业，只有不断进取、创新、拼搏，企业才能在经济大潮中乘风破浪，在竞争中立于不败之地。否则，虚幻的模拟倒闭就会成为企业无法避免的事实。

这是波音飞机公司总部在告诫雇员们：如果本公司不进行彻底的变革，末日就是如此。正如波音飞机公司的新总裁菲利普·康迪特所说：“我们的根本目的是要确保10年后还能在电话簿上查到本公司。”

真可谓“假作真时真亦假，真作假时假亦真”。这一计谋实施后，波音公司很快就从改革中尝到了甜头。员工们由于充满危机感而努力工作，节约公司每一分钱，充分利用每一分钟，从而使波音公司的飞机制造变得迅速而有效益。仅此一项，1992年波音公司就削减库存费用达1亿美元，经营成本也降低了20% ~ 30%。

波音公司推行这个策略，使人人都有了真正的危机感，真切感到“末日即将来临”，警钟长鸣，以此激发员工的忧患意识和不懈奋斗的精神，促进企业更上一层楼。

微软总裁比尔·盖茨曾说过一句话：“微软离破产永远只有18个月！”这是比尔·盖茨紧迫的危机感。比尔·盖茨常用这句话来告诫他的员工，要居安思危，警觉到明天可能出现的不利因素。

面对激烈的竞争，面对残酷的淘汰机制，任何一位团队管理者和员工都应该有危机感，有忧患意识。并且时刻提醒团队员工，企业可能会倒闭，他们可能会失去工作。这样可以激励他们尽其所能，不至于怠慢企业和工作。

对于企业管理者来说，危机不是一种意外，而是一种必然，企业的成长正是在不断地战胜危机中实现的。

20 世纪 70 年代，世界出现了石油危机，由此引发了全球性的经济大萧条，日本的日立公司也不例外，公司首次出现了严重亏损，困难重重。为了扭转这种颓势，日立公司人为地制造危机，做出了一项惊人的人事管理决策。

1974 年下半年，全公司所属工厂的 2/3 员工共 67.5 万名工人，暂时离厂回家待命，公司发给每个员工原工资的 97% ~ 98% 作为生活费。

这项决策对日立公司来说，是一项人事管理的权宜之计，虽然节省不了什么经费开支，但可以使员工产生一种危机感。

1975 年 1 月，日立公司又将这项决策实施到 4000 多名管理干部头上，对他们实行了幅度更大的削减工资措施，其中董事长、总经理、副总经理减薪 15%；高级管理人员、理事减薪 10%；参赞、参事、参事助理减薪 7%，副参事减薪 5%。从而加深了管理人员的危机感。

同年 4 月，日立公司又将所有录用的工人上班时间推迟了 20 天，促使新员工一进入公司便产生了危机意识，产生一种危机感、紧迫感。这样做也让其他老员工加深了危机意识。

日立公司采取上述一系列管理决策措施之后，全公司包括新老员工都开始更加奋发努力工作，都绞尽脑汁、千方百计为本公司的振兴出谋划策。这样，在危机意识的激发下，在全体员工的共同努力下，公司取得了令人十分满意的成效。1975 年 3 月，日立公司的决算利润只有 187 亿日元，比 1974 年同期减少了 1/3。而实施危机意识管理模式之后，仅仅过了半年，决算利润便翻了一番，达到了 300 亿日元。

顺境怡人，逆境逼人。破釜沉舟亦能先死而后生。人的进取精神常常是在没有退路的情况下硬逼出来的；人的创造能力也常常是在大敌当前的困境中激发出来的。

危机让人们“永远战战兢兢，永远如履薄冰”。如果能从改变员工的惰性这个角度入手，适时地制造危机，利用危机去攻击它、刺激它、克服它、战胜它，对企业的发展来说，不失为一件好事。危机虽然可怕，但却让员工展现自我，激发员工的动力。管理者要善于创造危机，让员工时刻保持高度警惕性。

居安思危，将危机感传遍企业的每一根神经末梢。俗话说：“生于忧患，死于安乐。”企业树立了危机感之后，团队上下才能有紧迫感，才能不断学习，不断进步，从而使企业的综合竞争力大大加强。

第七章

提升自身领导力

1.团队管理者要以身作则，给员工树立一个正确的榜样

在一个团队中，各级领导者和管理者都起着至关重要的作用，要做到以身作则，规范自身行为，重视对员工的影响力，树立企业正气。

企业真正的核心竞争力是团队的精神，它不仅要求员工团结一致，共同前进，更要求领导者以身作则，事事当先，真正担当起一个团队领导的责任。

作为团队管理者要经常充当冲锋陷阵的带头者，以身作则，并勇于承担责任。经常听到有人说“我的主管只管发号施令，却从不与我们一起开拓市场”，“我的主管经常出了事往下属身上推卸责任”。这样的主管，根本无法在团队中树立他的榜样形象，也根本没有能力去引导他的团队发展。所以主管需身先士卒，用行动告诉所有的团队成员，大家一起按照已制定的实施方案去做，保持沟通，如有任何问题，自己会承担责任。只有这样才能加深大家对领导者的信任感。

要求别人做到的必须自己首先做到

管理一支团队，首先领导要以身作则，自我完善，别人才服你。团队管理者作为团队的掌舵人和领头雁，应该率先垂范，处处做员工的楷模。

要求员工做到的自己首先要做到，禁止别人违纪的自己绝不违犯，自觉把自己置于员工的监督之中。

对于管理者来说，要想使企业制定的规章制度得到全面贯彻执行，就必须身体力行、从我做起。

1946年，松下公司面临极大困境。为了渡过难关，松下幸之助要求全体员工振作精神，不迟到，不请假，按时上班。

然而不久，松下本人却迟到了10分钟。松下迟到有些客观原因。本来，他上班是由公司的汽车来接的。那天，他早早起来，赶往阪急线梅田站等车，可是左等右等，车总是不来。看看时间差不多了，他只好乘上电车；刚上电车，见汽车来了，便又从电车上下来乘汽车。如此折腾，到公司的时候一看表，迟到了10分钟！原来是司机班的主管督促不力，司机又睡过了头，晚接了松下10分钟。

按照规定，迟到要受批评、处罚的。松下认为必须严厉处理此事。

首先以不忠于职守的理由，给司机以减薪的处分。其直接主管、间接主管，也因监督不力受到处分，为此共处分了8个人。

松下认为对此事负最后责任的，还是作为最高领导的社长——他自己。于是对自己实行了最重的处罚，退还了全月的薪金。

仅仅迟到10分钟，就处分了这么多人，连自己也不饶过，此事深刻地教育了松下公司的员工，在日本企业界也引起了很大震动。

凡事要求下属做到的，管理者必须率先做到。律己才能律人。领导者自己犯了错，主动处罚自己，这样做的积极意义比制定一千条规定都要好。

作为一个管理者，绝不能凌驾于制度之上。规章制度面前人人平等，即使是董事长也要遵守规章，只有领导这么做了，员工们才会遵守。作为领导者，不要以为制度只是给员工定的。恰好相反，任何制度的有效推行都离不开领导者的身体力行。

榜样的力量是无穷的

团队的管理者不仅是员工的伙伴和朋友，还是团队的“领头雁”，管理者以身作则，才能为其他人树立榜样。

前日本经团联会长土光敏夫，是一位地位崇高、受人尊敬的企业家。土光敏夫在1965年曾出任东芝电器公司的董事长。当时的东芝公司人才济济，但由于组织太庞大，层次过多，管理不善，员工松散，导致公司绩效低落。

土光敏夫接掌之后，立即提出了“一般员工要比以前多用3倍的脑，董事则要10倍，我本人更要全力以赴”的口号，来重建东芝公司。

他的口号是：“以身作则最具说服力。”他每天提早半小时上班，并空出上午7点30分至8点30分的1小时，欢迎员工与他一起动脑，共同来讨论公司的问题。

有一次，土光敏夫听业务员反映，公司有一笔生意怎么也做不成，主要是因买方的课长经常外出，多次登门拜访都扑了空。土光敏夫听了这个情况后，沉思了一会儿，然后说：“请不要泄气，待我上门试试。”

业务员听到董事长要御驾亲征，不仅吃了一惊。一是担心董事长不相信自己的真实反映；二是担心董事长亲自上门推销，万一又碰不上那个企业的课长，岂不是太丢一家大企业董事长的脸！那位业务员越想越怕，急忙劝说：“董事长，不必您亲自为这些具体小事操心，我多跑几趟总会碰上那位课长的。”

业务员没有理解董事长的想法，土光敏夫第二天真的亲自来到那位课长的办公室，果然没有见到课长。事实上，这是土光敏夫预料之事。他没有因此而告辞，而是坐在那里等候。老半天，那位课长回来了。当他看了土光敏夫的名片后，慌忙说："对不起，对不起，让您久候了。"土光敏夫毫无不悦之色，相反微笑着说："贵公司生意兴隆，我应该等候。"

那位课长明知自己企业的交易额不算多，只不过几十万日元，而堂堂的东芝公司董事长亲自上门进行洽谈，觉得赏光不少，故很快就谈成了这笔交易。最后，这位课长热情地握着土光敏夫的手说："下次，本公司无论如何一定买东芝公司的产品，但唯一的条件是董事长不必亲自来。"随同土光敏夫前往洽谈的业务员，目睹此情此景，深受教育。

土光敏夫为了杜绝浪费，还借一次参观的机会，给东芝公司的一位董事上了一课，并由此提醒了公司的上上下下。有一天，东芝公司的一位董事参观一艘名叫"出光丸"的巨型油轮，由于土光敏夫已去看过几次，所以事先说好由他带路。

那一天是假日，他们约好在某车站的门口会合。土光敏夫准时到达，董事乘公司的车随后赶到。董事说："社长先生，抱歉让您久等了。我看我们就搭您的车前往参观吧！"董事以为士光敏夫也是乘公司专车来的。

土光敏夫面无表情地说："我并没有乘公司的轿车，我们去搭电车吧！"董事当场愣住，羞愧得无地自容。

原来土光敏夫为了杜绝浪费，以身作则，搭乘电车。此举，给那位董事上了一课。这件事立刻传遍整个公司，上上下下立刻心生警惕，不敢再随意浪费公司的物品。由于土光敏夫点点滴滴的努力，东芝公司的经营情况逐渐好转。

身教重于言教，榜样的力量是无穷的。行为比语言更重要，管理者的力量，往往不是由语言，而是由行为动作体现出来的，聪明的管理者尤其如此。在一个组织里，领袖当然是众人的榜样，你的言行举止都被众人看在眼里，只要懂得以身作则，管理起来就会得心应手了。

2.团队领导不要吝啬对员工的赞美

管理团队需要真诚的赞美。一个团队领导不要吝啬对员工的赞美。因为赞美是世界上最动听的语言，一句赞美要比十句批评更管用。真正成功的团队管理者，是那些善于恰当地赞美员工、肯定员工的人。因为赞美可以激发员工的热情，挖掘员工的潜能。他们知道，在赞美员工的时候，他们自己离成功也就更近了一步。

在企业中，当管理者为员工摇旗呐喊时，员工会被这种认可和赞赏所感动，自然而然地产生积极进取的精神，从而将自己的聪明才智充分地发挥出来，为企业多作贡献。

每个人都希望得到赞美

林肯曾经说过："每个人都希望得到赞美。"美国心理学家威廉·詹姆斯发现，人类本性中最深刻的渴求就是赞美。

一天，卡耐基去邮局寄挂号信。年复一年从事着单调工作的邮局办事员显得很不耐烦，服务态度很差。当她给卡耐基的信件称重时，卡耐基对她称赞道："真希望我也有你这样的头发。"办事员惊讶地看着卡耐基，接着脸上泛出微笑，热情周到地为卡耐基服务。

卡耐基的一句称赞，改变了服务员的工作态度，使他得到了良好的服务。称赞可以给平凡的生活带来温暖和欢乐，可以给人们的心田带来雨露甘霖，可以给人们带来鼓舞，赋予人们一种积极向上的力量。

称赞不仅可以增强人们的自信心，还具有延长生命的功能。心理学家认为：使一个人发挥最大能力的方法是赞赏和鼓励。在生活中，大多数人希望自身的价值得到社会的承认，希望别人欣赏和称赞自己。所以，能否获得称赞，以及获得称赞的程度，便成了衡量一个人社会价值的标尺。每个人都希望在称赞声中实现自身的价值，团队中的员工们也不例外。

赞美你的下属，千万不要吝啬你的语言，真诚地去赞美每个人，这是促使人们正常交往和更加努力工作的最好方法。

赞美是对员工最有效的激励

对团队成员在工作中的优良表现和取得的良好绩效，团队领导者别忘了及时予以肯定与赞美。一方面，这是团队领导应该做的事情，当某个人做某件事做得好时，他应该得到你的赞许；另一方面你自己做某件事做得很好，不也是想要人夸奖你吗？

美国的玛丽·凯公司的总裁玛丽·凯，是在赞美声中与员工打成一片的。她认为：“赞美是激励下属最有效的方式，也是上下沟通中最有效果的手段，因为每位员工都需要赞美，只要你认真寻找，就会发现，许多运用赞美的机会就在你的面前。”

凡是在该公司工作的员工生日那天，都会收到一份生日礼物与一张祝福卡；每个新到公司的员工，第一个月内便会获得玛丽·凯的亲自接见；每一位成绩突出的员工，都会受到玛丽·凯格外的礼遇……每一次，她真诚的赞美都会深得人心。这主要归功于她有效的赞美策略。

玛丽·凯说过：“我们承认自己需要被肯定，所以我们就可以给人们以肯定。”她不仅是这样说的，事实上也是这样做的，她的确曾送过粉红色凯迪拉克豪华轿车、皮大衣、钻石等许多珍贵的奖品给她的业绩最好的推销员，但她更贵重的奖品是不值几毛钱的彩带。她要业绩好的员工站上台接受大家的欢呼赞美，颁给他们奖状来肯定这些业绩超群的人，并且亲自随时随地召见他们，给他们以言词上的鼓励。

玛丽·凯觉得，最强有力的一种肯定方式是不需要花钱的，那就是赞美，并且称之为“赞美使别人成功”的原则。她认为没有比赞美和肯定更能使人反应强烈的东西了。她曾经说过：“我认为你应该尽可能地随时称赞别人，这有如甘霖降在久旱的森林上的反应。”她的这些话很符合心理学的原则。著名心理学家史金纳说过，要想达到最大的诱因效果，你应尽可能在行为发生后立即加以赞美。

赞美是对员工最有效的激励。正因为赞美是合乎人性的领导法则——每一个人都有自己的自尊，都希望得到别人的赞许，所以对员工适当得体的赞美，会使员工感到很开心、很快乐，进而提升他们的主人翁意识与强烈的进取心。

恰到好处地“戴高帽”

常言道：十句好话能成事，一句坏话事不成。高帽子谁都喜欢戴，恭维话人人都爱听，这是人们的共同心理。恰如其分地适当恭维肯定会让别人精神愉悦，赢得他们的信任和好感。

身为团队管理者，若是能恰到好处地给下属戴一戴高帽，定能给你改善与下属的人际关系带来意想不到的好处，有利于赢得下属的好感和信任，更重要的是，它有时能给那些不太自信的下属以极大的鼓励，让他们精神抖擞、自信地去完成领导交给他们的任务。

玛丽·凯所经营的美容化妆品公司在全世界都享有盛誉。在玛丽·凯所提倡的以人为本的管理方式中，就提到了“戴高帽”的艺术。有一次，公司跳槽新来的业务员在跑营销屡遭失败后，对自己的营销技能丧失了信心。玛丽·凯得知此事后，找到这位业务员并对他说：“听你前任老板提起你，说你是很有闯劲的小伙子。他认为把你放走是他们公司的一个不小损失呢……”

这一番话，把小伙子心头那快熄灭的希望之火又重新点燃了。果然，这位小伙子在冷静地对市场进行了研究分析后，终于在自己的营销工作中打开了一个缺口，获得了成功。

其实玛丽·凯根本就没有与什么前任老板谈过话，但借助赞扬这顶高帽，神奇地让这位业务员找回了自尊与丢失的自信。为了捍卫荣誉与尊严，他终于背水一战，作了最后的一搏，最终以再次的成功增强了自己的自信心。

团队管理中的“戴高帽”并不是那种不切实的夸大、阿谀奉承、溜须拍马。在某种程度上，若是你能巧用“戴高帽”的艺术，定能让你的员工重新重视自己，树立一个自信的自我。

赞扬可以改变一个人，会使落后变先进，先进更先进，可以有效地激励员工，赞扬是催人向上的最好动力。人的生活离不开赞扬，那些被自卑感压倒的人，那些谨小慎微、猜疑心重的人，往往就是因为少年时代缺少了赞扬。赞扬对于人类的灵魂而言就像阳光，没有它，人是无法“开花结果的”。

千万不要认为没有必要去赞扬员工。如果你善于发现员工身上的闪光点，并加以赞扬，就能有效地激励员工为你工作，同时，你也会同时感受到生活的恩赐，员工努力的工作会让你收获成功的果实。

3.表现出对团队的信心

作为一名精明的管理者，要想使自己的团队团结一致，高效运转，就要调动起员工的积极性，就要让员工在自我激励、自我估价与自信的氛围中工作。因为自信能力是造就员工良好素质不可或缺的源泉，也是影响一个人工作能力的重要因素。在一个团队中，员工的自信是与团队的整个士气密切相关的，是与他们的个人绩效紧密联系的。

那么，到底在什么情况下员工才会产生自信心呢？当他们知道了过去所不知道的事，完成了以往所无法完成的事，或者赢了他过去无法胜过的人，这时他就会产生自信心。例如，某人过去无法在一个工作日内完成相应的任务，可现在只要半个工作日，就可完成规定的任务。或者他过去在劳动竞赛中从未胜过对手，现在居然赢了，此时的他，必然会信心大增，能力也会随之慢慢地成长。

自信的员工工作起来更有效率，他们对自己、对工作、对工作环境和自身的价值都感觉甚好。因此，更愿意留在使他们充满自信的岗位上。

作为一个团队的管理者，要表现出对团队的信心，着力去培养员工的自信心，这样做的结果，对团队成员、对整个团队都有着重要的意义。

信心，看起来很抽象的名词，却可化成可以激励、可以管理的工具，而且可以用在激励个人信心上。

团队领导人最重要的任务之一，就是建立团队信心。有无信心是赢家输家的分界点。团队能够突破困局，每战必赢，就是团队有信心的标志，只要有信心，纵使遇到挫折也能克服，不至于一蹶不振。

信心是“不可能”这一因素的解药

信心代表着一个人事业中的精神状态和把握工作的热情以及对自己能力的正确认知。有了这样一份信心，工作起来就有热情、有冲劲，可以勇往直前。一个乐观自信的人，相信自己的能力，在他们看来，没有什么是不可能的。成功的团队领导不仅自己是一个信心十足的人，而且还是一个善于激发团队信心的人。

汽车大王亨利·福特就是靠信心成就自己、成就团队的人。

当亨利·福特在底特律生产汽车，并进行试车的时候，许多人都冷嘲热讽，认为汽车是昂贵不实用的东西，谁会为了那个“会跑的铁盒子”掏腰包呢？然而福特并不为所动，并且信心十足地预言：“在不久的将来，汽车会跑遍整个地球。”

当然，福特的预言成了事实。

这之后，福特在开发V型引擎的时候，又面临困难，福特想要制造一个8汽缸的引擎，当他把构想蓝图出示给工程师们时，更是遭到了一致的反对，工程师们告诉他，根据理论，8汽缸引擎的制作是不可能的。

但福特却坚信可行，他要求不管花多少时间和代价，一定要开发出来。

在福特的坚持下，整整花了一年多的时间，经过不断地研究和试验，完成了8汽缸V型引擎的制造。

福特的成功告诉我们，没有什么是不可能的，你有信心能够成功，成功的可能性就大为增加。

很多时候，不是因为有些事情难以做到，而是你没有信心，只要有信心，没有什么事是不可能做到的。

2001年5月的一天，美国有一位名叫乔治·赫伯特的推销员，成功地把一把旧斧子推销给了布什总统，从而获得著名的布鲁金斯学会的“金靴”奖。

布鲁金斯学会以培养世界上最杰出的推销员著称于世。它设立的“金靴”奖是推销界的“奥斯卡”，然而此奖并非每年颁发，此前它已空缺了26年。

克林顿当政期间，该学会推出一个题目：请把一条三角裤推销给现任总统。8年间，无数的学员为此绞尽脑汁，最后都无功而返。克林顿卸任后，该学会把题目换成：请把一把斧子推销给布什总统。

鉴于前面的失败和教训，许多学员知难而退。因为当今总统什么也不缺，即使缺什么，也用不着他亲自购买；退一万步说，即使他亲自买，也不一定正赶上你去推销的时候。

然而，乔治·赫伯特却做到了。他给布什总统写了一封信，信中说：有一次，有幸参观了您的农场（布什在德克萨斯州有个农场），发现种着许多矢菊树，有些已经死掉，木质已变得松软。我想，您一定需要一把小斧子，但是从您现在的体质来看，小斧子显然太轻，因此您需要一把不甚锋利的老斧子，现在我这儿正好有一把，它是我祖父留给我的，很适合砍伐枯树……

后来呢？后来，乔治·赫伯特收到了布什总统15美元的汇款，并获得了刻有“伟大的推销员”的一只金靴子。

乔治·赫伯特成功后，布鲁金斯学会在表彰他的时候说，金靴子奖已空置了26年，26年间，布鲁金斯学会培养了数以万计的推销员，造就了数以百计的百万富翁，这只金靴子之所以没有授予他们，是因为我们一直想寻找这么一个人，这个人不因有人说某一目标不能实现而放弃，不因某件事情难以办到而失去信心。

信心是做好一切工作的基础和出发点。不管从事什么工作，一个人一定要对自己有信心，对自己的团队成员有信心。

一般而言，工作过程里常出现问题、困难，这就是考验人们是否有信心的时候，有信心的团队会认为这是挑战，意气风发去解决问题。没有信心的团队就互相推诿，互相指责，或去和主管说，这个策略不可能成功，我们还是放弃吧。假若问题就放在那里，是永远不能解决的，唯有拿出信心，才会破浪前行。

维护团队成员的信心

作为一名管理者，在培养员工的信心时，要注意到一个最大的阻碍因素，即员工的自卑感。不论哪个公司，总存在着几位有自卑感的人。一旦自卑感作祟，就会丧失信心，使其本身能力降低。

有一次，一个士兵骑马给拿破仑送信。由于情况紧急，战马长途奔跑，且速度过快，到达拿破仑的军营后就倒地而死了。拿破仑接到信后，立刻写了一封回信，交给那个士兵，要求他骑上自己的战马，火速把信送回。

那个士兵看到那匹强壮的战马，身上的装饰出奇华贵，便对拿破仑说："不，将军，我只是一个平庸的士兵，实在不配骑这匹强壮的骏马。"

拿破仑回答道："世上没有任何一样东西，是法兰西士兵所不配享有的。"拿破仑的话，很好地维护了这个士兵的信心。

管理者也要像拿破仑一样，去设法指导员工克服自卑心理，产生信心。

在丧失信心的时候，人的感觉是非常绝望的，如何杜绝这种绝望情绪的出现是团队领导者需要做的最重要的事情。其中包括对成员所犯的错误的宽容，对于因此造成的损失的弥补或者放弃，对于弥补或者放弃的方式的选择，总之，团队领导者必须做到最大程度地维护团队成员的信心。

1970年年末，通用电器公司开始研究一种叫做“哈拉克”的灯泡，这是一次雄心勃勃的尝试。他们试图制造出一种灯泡，可以比一般的产品多出十倍的寿命，看上去这将成为一种解决环境问题的完美方案。灯泡研制出来了，但问题是这种灯泡的成本高得惊人，市场销路肯定不好，这个项目最终失败了。但是，杰克·韦尔奇以及公司的高层并没有惩罚与“哈拉克”项目有关的任何人，相反，杰克·韦尔奇和通用电器公司向他们所做出的伟大尝试表示了祝贺，并给他们发了奖金，还提升了几位“哈拉克”项目的研究人员到新的工作岗位。虽然没有获得令人满意的市场预期，杰克·韦尔奇还是给整个团队以极大的鼓励，事实证明这样做是对的，这个团队的大多数成员后来都在各自的岗位上做出了骄人的成绩。

4. 尊重每一位成员，包括那些给你制造麻烦的人

早在20世纪30年代，美国芝加哥西部一家电器公司就得出了这样的结论：工人不单是靠工资来调动积极性的经济人，而且是有获得别人尊重、友谊需要的社会人。这就表明要管理好企业团队员工，首先必须充分尊重他们。

美国企业家玛丽·凯认为："企业成败的关键在于是否把员工视为最重要的财产，是否尊重每一个员工。如果做到这一点，就能依靠员工创造出不同凡响的业绩。"

然而，遗憾的是，很多团队管理者对自己的下属表现得不够尊重。他们发布强硬的命令，进行粗鲁的指挥、控制和监督，甚至对下属随意地斥责、诋毁，毫不顾及下属的感受，更不会理会他们的想法和意见。他们认为这样可以使自己更加高高在上，更加智慧、理性、有权威。事实上，这种做法并没有使他们显得更加睿智，相反却很愚蠢。

曾经有一位美国经理，负责管理印度尼西亚海洋的石油钻井台。一天，他看到一个印尼雇员工作表现比较糟糕，就怒气冲冲地对计时员说："告诉那个混账东西，让他搭下一班船滚开！"这句粗话使这位印尼雇员的自尊心受到极大刺激和伤害，他被激怒了，二话不说，操起一把斧子，就朝经

理砍来。经理见状大惊，连滚带爬地从井架上逃到工棚里。那位雇员紧追不舍，追到工棚，恶狠狠地砍倒了大门。这时，幸亏钻井台的人及时赶到，力加劝阻，才避免了一场恶战和灾祸。

这位美国经理祸从口出，就源于他对员工极不尊重。每一个人都有自尊心，都希望被尊重，要管理好员工，团队管理者首先就要尊重员工，这种尊重是看得见、摸得着的，能通过各种行为表现出来。

满足员工的“尊重”需要

长期管理实践证明，尊重是员工最根本的需要。

美国加利福尼亚州有一家钢铁公司，出现了令人头痛的员工蓄意怠工的问题。老板心急如焚，他又给员工加薪，又给员工授权，可没有产生丝毫激励效果。情急之下，公司老板请来一位管理专家，让他帮忙解决这个棘手的问题。这位专家来到公司后，不到一个小时就找到了问题的根源。

当时，公司的老板说道：“好吧！让我们在厂里转一圈，你就会知道这些肮脏的懒种们出了什么毛病！”听了这话，专家立刻就知道毛病出在哪儿了。

他开出的“药方”很简单：“你们所需要的，就是把每个男员工当做绅士一样对待，把每个女员工当做淑女一样对待。这样做了，你的问题不消一夜就会解决。”

钢铁公司老板对专家的建议半信半疑，甚至不以为然。专家说：“诚恳地试上一星期吧。如果不见效果或不能使情况好转，你可以不付给我什么。”工厂老板点点头同意了。

10天以后，该专家收到一张纸条，上面写着：“万分感谢，詹姆斯先生。你会认不出这个地方了，这儿有了奋发向上的激情，有了和睦共处的新鲜空气。”

每一个人都渴望得到他人的尊重。心理专家说：希望得到别人的尊重是我们的基本需求之一。员工也希望在工作场所里能获得别人的尊重，他们希望能有人欣赏他们，对他们微笑。一个人不论具有多大才能，若无法满足其被尊重的欲望，他的工作积极性和创造激情便会被削弱。

因此，管理者一定要像尊重专家那样尊重每个员工，用尊重感染员工、激励员工。管理者应该清楚地认识到：管理者和员工之间没有贵贱之分，有的只是级别之分。在这个基础上，管理者应力争做到不摆架子，这是尊重员工的根本。

尊重员工的意见和建议

要尊重员工，需以鼓励为主，尽量少一些批评。尊重员工不仅仅要尊重他们的人格和劳动成果，而且还要尊重他们提出的一些合理化意见和建议。

关心员工，善于听取员工的意见和建议，这是尊重员工的一个重要方面。有的经理人认为员工水平低，提不出什么好建议，有的经理人对此还报以嘲笑的态度，更有甚者，表面上大加赞赏，实际上仍然我行我素，根本不曾认真考虑。这种做法不仅会打击员工的积极性，还不利于企业充分利用集体智慧，因此是不明智的。

任何人只要对团队某些制度有了自己的建议，或者构想出什么好主意，总会觉得非常高兴，如果提议被团队采纳，更会激励他热心研究或工作的热情。许多团队之所以鼓励员工提建议，就是希望借此制度汇集众人智慧，以提高生产效率。

很多情况下，员工不发言，并非表示他们没有意见，他们对于工作的分配常会有想法，会在心中嘀咕不已，也许他们会认为“如此做不是更好吗？”“让我们这样做也许工作起来更有干劲！”团队主管者若能倾听员工的建议，员工心中就会有种满足感，若是接纳了他们的意见，他们更会有一种主人翁的责任感，从而为团队全力工作。

有位年轻人平日沉默寡言，在团队座谈会上经常是三缄其口。有一次竟然将蕴藏于心中，想开口又不敢说的建议，一口气说了出来。也许因为这个建议是他经过长时间的观察总结出来的，所提出的意见极有道理，领导与同事们都一致接受了。在那一刹那，他觉得勇气倍增，信心十足，从此积极参与团队的各项活动。

无论多么微小的建议，若能对员工说“啊！你的意见很好”并接受其意见，则此人工作积极性必然大为提高。善于采纳员工的意见，是团队走向成熟的根本途径。

松下一向乐于听取员工的意见，他常常鼓励员工积极地说出自己的想法。他说：任何公司、商店，如果要提高经营的效果，最重要的前提是“员工和睦”。要把这个“人和”反映到经营上，最好的办法是任何一个人，只要他认为是对本公司有益的事情，不论是大是小，毫不客气地向主任或社长提出建议。领导者虚心听取意见，然后把它们集合起来综合研究。

关心员工，善于听取员工意见和建议的作风，有利于在员工间营造一种亲切的氛围。这种亲切的氛围，使员工的积极性和聪明才智得以发挥，使那些优秀的员工脱颖而出，迅速成长，成为公司的得力干将。

把尊重做到一点一滴中去

要想把员工激励起来，尊重是团队工作实践的基本部分。尊重会使员工感受到自己的重要性，让员工有一种满足感，所以说尊重员工是团队领导者所必须坚持的。

被列为美国企业界十大名人之一的IBM创始人老托马斯·沃森常说：“作为一个企业家，毫无疑问要考虑利润，但不能将利润看得太重。企业必须自始至终把人放在第一位，尊重公司的雇员并帮助他们树立自尊的信念和勇气，这便是成功的一半。”

老托马斯·沃森在1914年创办IBM公司时设立过三条行为准则。这三条准则分别是：必须尊重个人，必须尽可能给予顾客最好的服务，必须追求优异的工作表现。

这三条准则对公司成功所贡献的力量，被认为比任何技术革新、市场销售技巧或庞大财力所贡献的力量都大。

小托马斯·沃森在1956年接任公司总裁后，将该准则进一步发扬光大，上至总裁、下至传达室传达员，无人不知无人不晓。

在沃森父子眼中，公司最大的资本是人，而不是机器和资金。

IBM公司原营销副总裁巴克·罗杰斯指出：很多公司不重视自己的雇员和顾客，这是极端失策的行为。IBM不是这样，“公司英雄”是营销人员——IBM的大人物，在IBM公司人人参与推销，同时，人人受到尊重。

尊重，使IBM公司的职员个个充满自信、自尊、自强的精神，使他们成为世界上目的最明确、效率最高的营销大军。

IBM可能是最早积极实施以员工为重心的美国公司。IBM的历史就是一部强烈尊重、重视员工的历史。即使在最细微的小地方，也反映着这一特色。当你一走进纽约的IBM经销分处，第一眼就可看到一大块从地面到天花板的大型布告栏，贴满了各部门全体员工的相片，下面附道：“纽约的……最有特色的员工。”

“员工是我们的宝贵财富”，“我们要使员工与企业一起成长”，类似的话被太多的企业写进自己公司的手册里、宣传刊物中、公司网站上，但也仅仅是标榜一下而已。然而沃森却真正地把尊重员工这个信念融入到了IBM的血液当中！

正如沃森所言："通过我们对人们的尊重和帮助人们自己尊重自己这样的简单信念，我们的公司就肯定能赢利。"

确实，当一个人尊重别人时，他也一定能考虑到公司内外的所有人，而这种尊重别人的信念只有在行动中才能得到加强。这是IBM成功的奥秘所在。

IBM将尊重个人作为企业管理的最高信条，真正找到了人力资源的核心，尊重员工，才能赢得员工对企业的尊重。

尊重员工是人性化管理的必然要求，只有员工的私人身份受到了尊重，他们才会真正感到被重视、被激励，做事情才会真正发自内心，才愿意和管理者打成一片，站到管理者的立场，主动与管理者沟通想法探讨工作，完成管理者交办的任务，甘心情愿为工作团队的荣誉而努力付出。

5.敢于起用比自己能力强的人

汉高祖刘邦平定天下之后，在洛阳的庆功宴上就曾说过这样的话："夫运筹帷幄之中，决胜千里之外，吾不如子房；镇国家，抚百姓，给馈饷，不绝粮道，吾不如萧何；连百万之军，战必胜，攻必取，吾不如韩信。此三者，皆大杰也。吾能用之，此所以取天下也。项羽有一范增而不能用，此所以为我擒也。"群臣听后，无不信服。

刘邦是很有自知之明的，他知道自己不是全才，也知道自己在很多方面不如自己的下级。他之所以能打败不可一世的楚霸王项羽，一统天下，是因为重用了一些在某些方面比自己能力更强的人。而恰恰是在这一点上，刘邦表现出了一个统帅最值得称道的能力。

汉高祖刘邦平民出身，斗大的字不识几个，但他用人的本事却是古来就为人所称道的。正如他自己所说，论起文韬武略，他的确不如张良、萧何、陈平、韩信等人，但他却能够用好这些比自己强的人，而且个个都是尽其所能，用其所长，所以他才能在并不占优势的情况下战胜项羽，开创汉家江山。

打天下夺江山如此，其他事业也莫不如此。

美国奥格尔维·马瑟公司的总裁戴维·奥格尔维有个习惯，每次一有新的经理上任，他都要送他们一件礼品——套娃。这件礼品意味隽永。

大娃娃里有个中娃娃，中娃娃里有个小娃娃，小娃娃里有一张字条：“如果我们每一个人都雇用比自己小的人，我们公司就会变成一个矮人国，侏儒成群。但是如果我们每个人都雇用比自己高大的人，我们就能成为巨人公司。”聪明的经理看后一目了然。

美国的钢铁大王卡内基的墓碑上刻着：“一位知道选用比他本人能力更强的人来为他工作的人安息在这里。”卡内基之所以成为钢铁大王，并非由于他本人有什么了不起的能力，而是因为他敢用比自己能力强的人，能看到并发挥他们的长处。

卡内基曾说过：“即使将我所有工厂、设备、市场、资金全部夺去，只要保留我的技术人员和组织人员，4 年之后，我将仍然是‘钢铁大王’。”

卡内基之所以如此自信，就是因为他能有效地发挥人才的价值，善于用那些比他更强的人。卡内基虽然被称为“钢铁大王”，但他却是一个对冶金技术一窍不通的门外汉，他的成功完全是因为他卓越的识人和用人才能——总能找到精通冶金工业技术、擅长发明创造的人才为他服务。比如，世界上出色的炼钢工程专家之一比利·琼斯，就终日在位于匹兹堡的卡内基钢铁公司埋头苦干。

在知识经济时代，管理者更需要有敢于和善于使用强者的胆量和能力。在企业内部激励、重用比自己更优秀的人才，就能让企业变得越来越有活力，越来越有竞争力。

在现实生活中，我们也常看到这样的现象：有些领导人把别人的进步当成是对自己的威胁，对能力和学识超过自己的同事百般诋毁，说人家这也不行，那也不是，甚至批得一无是处。

有个部门经理十分害怕有优秀的人加入自己的团队，甚至害怕有优秀的人被招聘到同一职能的其他团队，实在拦不住时就孤立、不合作，直到把后者排挤到别的部门去，以除后患。但是，只用比自己能力低的人并保持这样的状态，我们还能有进步吗？还有什么机会建设自己的领导力呢？这种狭隘的做法既损害了公司的利益，也损害了自己的长远利益。

作为一名团队领导，要想做到乐于用比自己能力强的人，就必须克服嫉贤妒能的心理。有些领导人之所以不用比自己能力强的人，除了怕这些人难以驾驭，甚至会抢了自己的饭碗之外，主要还是嫉贤妒能的心理在作怪。总以为自己是领导，自己应该是水平最高的，各方面都应该比别人高上一筹。因此，遇上比自己能力强、本领大的员工时，就萌生妒意，采取种种办法压制他们。

对于团队管理者来说，嫉贤妒能无异于自掘坟墓。我国著名的文学家韩愈曾在他的传世名篇《师说》中讲道："……师不必贤于弟子，弟子不必不如师。闻道有先后，术业有专攻。"这其中的道理同样适合于团队中领导和员工之间，你不必样样都要比你的员工强，你要做的就是要用好这些比你强的人。

让你的下属能够各尽其才，各尽其能，为整个团队而奋斗，敢于起用他们，让他们的才华铸就团队事业的辉煌。

6.团队领导和员工之间应保持适度的距离

两只困倦的刺猬，由于寒冷而拥抱在一起。可因为各自身上都长着刺，刺得对方怎么也睡不舒服。于是它们离开了一段距离，但又冷得受不了，于是凑到一起。几经折腾，两只刺猬终于找到了一个合适的距离：既能互相获得对方的温暖又不至于被扎。这就是形象而又闻名的“刺猬法则”。

人身上没有刺，但人与人之间相处也要讲究距离，距离太近或太远都不适合彼此间的交往。团队领导者和员工交往时更要掌握好合适的距离，要懂得运用人际交往中的“心理距离效应”，避免在工作中丧失原则。理解并用好“刺猬法则”并不简单，可是却必须做到，因为这对于企业的发展十分重要。

虽然企业是一个以赢利为主要目的的组织，但组织内部的人们彼此之间仍存在较广泛的感情联系，如何保持与下属和员工之间的适当距离是一个值得管理者深思的问题。

从企业管理的实际出发，管理者应当与员工保持适当的距离，如果发现自己与员工的感情距离太远，就要主动关心员工，增加同员工接触的机会。多与员工谈心，主动帮助解决员工的困难。必要时适当参加有益的娱乐、体育等一些非正式组织活动，努力缩短与员工的距离。

如果管理者发现自己与员工过分亲近时，应注意保持一定的距离。否则便有可能丧失权威和尊严，员工也有讨好奉迎之嫌，说话、办事就可能无所顾忌，甚至出现违反原则的越界行为。管理者往往会碍于情面而对某些违纪行为下不了手。保持适度的感情距离，有利于各项工作的开展。

感情距离的过远或过近都不利于各项组织工作的顺利开展，在处理与员工感情距离的问题上，管理者最关键也是最难把握的是如何严格遵循适度距离的原则。

斯通是声名赫赫的通用公司前任总裁，他自上任以来就一直努力在通用公司内部培养一种“大家庭感情”的企业文化，公司领导和员工都要对该企业文化身体力行。从公司的最高领导到各级领导都实行“门户开放”政策，欢迎本公司员工随时进入他们的办公室反映情况，对于员工的来信来访能积极妥善处理。

通用电气公司规定，公司的最高首脑与全体职工每年至少举办一次生动活泼的自由讨论。通用公司像一个和睦、奋进的大家庭，从上到下直呼其名，无尊卑之分，互相尊重，彼此信赖，人与人之间关系融洽、亲切。

斯通也主张人际关系应保持适度的距离。他对适度距离身体力行，率先示范，密者疏之，疏者密之。

斯通自知与公司高层管理人员工作上接触较多，在工余时间就有意拉大距离，从不邀公司同僚到家做客，也从不接受客邀。相反，对普通工人、出纳员和推销员，他有意亲近，微笑问候，甚至偶尔“家访”。

1980 年 1 月，在美国旧金山一家医院里的一间隔离病房外面，一位身体硬朗、步履生风、声若洪钟的老人，正在与护士死磨硬缠地要探望一名因痢疾住院治疗的女士。但是，护士却严守规章制度毫不退让。

然而，她怎么也不会想到，这位衣着朴素的老者，竟是通用电气公司总裁，一位曾被公认为世界电气业权威杂志——美国《电信》月刊选为“世界最佳经营家”的世界企业巨子斯通先生。护士也根本无从知晓，斯通探望的女士，并非他的家人，而是加利福尼亚州销售员哈桑的妻子。

哈桑后来知道了这件事，感激不已，每天工作达16小时，为的是以此报答斯通的关怀，哈桑的销售业绩一度在全美各地区评比中名列前茅。正是这种适度距离的管理，使得通用电气公司事业蒸蒸日上。

通用电气公司的“大家庭式管理”方式的运用大大拉近了管理者与下属和员工之间的心理距离，增强了彼此之间的感情，也大大提升了企业的凝聚力和向心力，从而使企业获得了更强的竞争优势。

领导者与下属保持距离，具有许多独到的驾驭功能：

（1）可以避免下属之间引起嫉妒和紧张。如果领导者与某些下属过分亲近，势必在下属之间引起嫉妒、紧张的情绪，从而人为地造成不安定的因素。

（2）与下属保持一定距离，可以减少下属对自己恭维、奉承、送礼、行贿等行为。

（3）与下属过分亲近，可能使领导者对自己所喜欢的下属认识失之公正，干扰用人原则。

（4）与下属保持一定的距离，可以树立并维护领导者的权威，因为“近则庸，疏则威”。

适度距离从管理角度上是充分尊重并认可每一位企业人员在公司的重要性，更是符合人性内在渴望平等的心理需要，从而营造出一种和谐的人际氛围。

与下属保持一定的距离，既不会使你高高在上，也不会使你与下属混淆身份，这是管理的最佳状态。距离的保持靠一定的原则来维持，这种原则对所有的人都一视同仁：既可以约束领导者自己，也可以约束下属。掌握了这个原则，也就掌握了成功管理的秘诀。

7.避免和团队成员有直接的冲突

领导者对下属实施领导，是一种法定的权力。这种权力规定，领导者应该按照一定的目标、任务、标准、程序等，去要求下属做什么、怎么做，并规范下属的行为。由于领导者与被领导者是一对矛盾，所以二者之间有时难免会发生冲突。

矛盾无处不在，矛盾无处不有。作为团队领导者，要避免和团队成员发生直接冲突，因为直接冲突会伤害下属的自尊心，引发不可预测的不良后果。

让员工将自己心中的不满发泄出来

员工的不满情绪是导致冲突的主要原因，因此，不能让员工的不满情绪越积越多，发现员工有不满情绪要及时了解情况，及时解决处理；否则不满情绪越积越多，就像充气的气球，到了一定程度就会爆炸。所以，管理者要多听取员工的意见，关注员工的反应，不能粗暴地对待员工，不可以让员工积累不满。

在日本，很多企业都非常注重为员工提供发泄自己情绪的渠道。松下电器公司就是如此。

松下电器公司为了调整员工情绪，使他们提高工作效率，在这方面动了不少脑筋，也下了不少功夫。该公司在各个生产基地都设有一个专门的、很隐蔽的房间，叫“出气室”。

在出气室里存放各级主管人员的照片、橡皮模型人以及逼真的蜡像人，房子一角，放置一个大工具箱，“十八般兵器”样样齐全，你可以由着性子放任脾气，发泄出心中对其中某位主管的不满，通过拳打脚踢释放心中的怨气和愤懑。

在松下公司的“出气室”里，还有松下电器公司总裁松下幸之助的仿真橡皮人，供有怨气的员工击打以发泄内心的情绪。当员工击打完橡皮人之后，那橡皮人嘴里就会响起松下幸之助本人的声音，这是他写给员工们的一首诗。诗中说：“这不是幻觉，我们心心相通，团结合作……”

松下幸之助有句口头禅：“要让员工把不满发泄出来。”他的这一做法，使管理工作多了快乐，少了烦恼；人际关系多了和谐，少了矛盾；上下级之间多了沟通，少了隔阂；公司与员工之间多了理解，少了对抗……

心理学有关专家对出入松下公司“出气室”的员工进行了细致的观察，结果发现：人们进屋前的表情与出来后的表情变化很大。进去时人们看上去显得神情抑郁或怒气冲冲，而出来时大多数人则显得轻松多了。而且，他们重新投入工作时也是干劲倍增。

让员工将自己心中的不满发泄出来，从而感到心情舒畅，工作干劲也会随之飞涨。

一个管理者要想不让员工积累不满，避免和员工发生冲突，就要做到以下几点：

（1）关注员工在工作上的意见，尽快解决可以解决的问题，消除员工可能产生的不满。

（2）关怀员工的生活，不要让员工因生活质量太差而怀恨在心。

（3）对员工以礼相待，尊重员工的不同意见，不羞辱员工的人格。

（4）管理者在做错了事时要勇于承担责任，敢于坦率认错，不可推诿责任给员工，使员工产生愤懑和委屈。

管理者和员工要形成鱼水之情。水无鱼不存，鱼无水不活，两者相互依存，相互尊重，切不可让员工积累不满，站到自己的对立面上去。

冲突是任何团队中不可分割的一部分，其蕴含着异议及分歧，是管理者经常面对的重要问题。冲突可以有助于解决双方的对立，使相互关系达到高度的稳固和紧密。通常情况下，冲突之后，员工不满的根源消除了，更有助于建立牢固的团队。因此，管理者在团队发生冲突之后，不要因忽视冲突存在而不予行动。要树立正确的观念及态度，平日多掌握有关冲突管理的知识与技巧，及时妥善地防止与消除冲突。

第八章

加强团队文化建设

1.加强人性化管理，营造充满关爱的团队氛围

今天，团队是基本的执行单位，管理者是率领一个团队工作的“领头雁”，要营造一个充满关爱的团队氛围，管理者就要加强团队的人性化管理。

团队管理者若给员工以关心，员工就会回报管理者以忠诚；管理者若想员工之所想，员工必为管理者排忧解难；管理者若不把员工放在心上，员工岂能把管理者视为知己？团队的经营管理把管理者和员工结为一个利益共同体，可以说，一损俱损，一荣俱荣。有的管理者却不明白这个浅显的道理，刻薄地对待员工，自以为掌握着员工的命运，结果对员工伤害很大，给自己的团队造成的损失更大。

海尔集团首席执行官张瑞敏说过这样一句话：“要让员工心里有企业，企业就必须时时惦记着员工；要让员工爱企业，企业首先要爱员工。”可见，管理员工，也是要讲感情的。对员工的工作、生活全方位地体贴，使员工深深感觉到团队对自己的爱护与关怀，是搞好团队管理的重要策略。

爱员工，企业才会被员工所爱

法国企业界有一句名言：“爱你的员工吧，他会百倍地爱你的企业。”这一管理学的新观念，已经越来越深入人心，而且被越来越多的企业管理

者所接受。实践使他们懂得，没有什么比关心员工、热爱员工更能调动他们的积极性、提高工作效率了。

许多有远见的管理者从中悟出了爱员工，企业才会被员工所爱的道理。

日本桑得利公司总裁岛井信治郎听到员工抱怨："房间里有臭虫，害得我们睡不好觉。"他便在晚上点着蜡烛在屋里抓臭虫。一天，新员工佐田的父亲去世了，岛井信治郎听到了这个消息，立即率领全体员工来到殡仪馆，帮助料理丧事。丧礼结束后，岛井信治郎又叫了辆出租车，亲自送佐田和他的母亲回家，佐田因此深受感动。那段时间，佐田想得最多的是：怎样做才不辜负总裁的一片爱心呢？最后他决定：只要公司不辞退我，我就尽最大的努力做好自己的工作，即使是牺牲生命也在所不惜。在以后的工作中，佐田努力奋斗，全力以赴，后来被晋升为公司主管，对公司的发展起了重要作用。

英国马狮公司的董事长西夫勋爵与岛井信治郎的做法不谋而合。他经常到各分店与员工谈心。凡遇到气候恶劣，如大雪阻断交通时，他必定前往有关分店，向不顾天气恶劣仍来商店坚持工作的店员表示感谢。本来，打一个电话就足以表示这种感谢，但西夫勋爵却认为，要想有效地表达最高管理层由衷的赞赏，唯一的办法就是当面致谢。这种做法，体现了公司领导对努力工作的员工的重视和敬意，取得了良好的效果。马狮公司创建100多年来，以其经销的商品质量可靠、价格公道、服务优良，蜚声英伦三岛。

热爱自己的员工是管理者之本。一个被管理者热爱的员工，会被管理者的真诚所感动，而以实际行动去热爱企业，回报企业。

管理者对员工的关爱，可以极大地满足员工被关注的需求，这种感觉能激励员工关心他们所做的事，持续表现超标准的工作效率。也因此，善于进行爱的投资，日益成为每一位成功管理者的必备条件。

真诚关爱员工

营造一个充满爱的团队氛围，以关爱来激励员工，就要求管理者有一颗关爱员工的心。

美国西南航空公司是世界上著名的航空公司，它是唯一的一家几十年来连年赢利的航空公司。多年来这家公司的广告口号一直都是“以爱构建的航空公司”。

在西南航空公司中存在一种关爱的文化，关怀成为组织的核心价值观，当员工犯错时，成员之间会相互宽恕及扶持，会把人与事分别地看待，关照到每个人的心情。他们深信接受关怀的人一定会心存感激，在责任感的召唤之下，会懂得如何负起更多的责任。

有一次公司的主管巴瑞特发现，某位女地勤人员经常受到旅客的投诉，由于事态愈来愈严重，他不得不请这位员工到办公室面谈。巴瑞特问道：“一切还好吧？我们接到一些顾客的投诉信，对你的服务似乎不像以前那么肯定。”

巴瑞特刚说完这句话，这位女性员工就伤心地开始哭泣，接着她开始说出她目前所面临的困境及遭遇。最近，她正在与先生办理离婚，为了争取三岁儿子的监护权，两人正进行诉讼，她因此累计欠下1800美元的诉讼费。这些事情困扰着她，让她感到身心疲乏，所以在对顾客的服务上经常出现状况。

巴瑞特用心倾听，终于了解了事件背后的原因。巴瑞特一方面安慰女员工要撑过这个难关，另一方面设法为她寻求帮助。

几个小时后，这位女员工收到一个内有1800美元现款的信封，这些钱完全是巴瑞特个人的心意，信封内没有附带的说明或纸条，只有这名员工的姓名。

巴瑞特在与员工的互动中展现了真诚的关心，知道员工在生活上或工作上遭遇困境，在这种情况下员工是不可能有好的服务态度回馈给顾客的，所以要先关照他们的情绪。这个女员工后来一直是西南航空公司中最忠诚的员工之一，更令人欣慰的是，她已经知道如何担当更多的责任。她说："我想不出还有哪个企业可以让员工时时感到关爱，以及有人愿意倾听他们的苦楚。"关爱为她注入了工作的活力。

当团队成员有这种被关爱的感受时，对于团队的向心力一定会更加坚定，更愿意承担责任。任何人在其职业生涯中都会想追求好的表现，只是被环境或其他因素给阻碍了，领导者要时时扮演清道夫的角色，扫除这些障碍，减轻或消除员工的苦楚，让员工快乐地工作。当员工被关爱、被尊重，他所回馈的将是对企业的忠诚和信任，对顾客的优质服务，以及对伙伴的良性互动。

"以人为中心"的人性化管理

人性化管理是"以人为中心"，是依据企业的共同价值观和文化、精神氛围进行的人格化管理，它是在研究人的心理和行为规律的基础上，采用非强制性方式，在员工心目中产生一种潜在的说服力，从而把组织意志变为个人的自觉行动。

人性化管理方式创造员工与企业之间的信任，从而更有利于提高劳动生产率。

斯特松公司是美国最老的制帽企业之一，有一段时间公司的情况非常糟糕：产量低，品质差，劳资关系极度紧张。

此时，当地的一位管理顾问薛尔曼应聘进厂展开调查。他的调查结果显示：员工们对管理层、工会缺乏信任，存在沟通渠道堵塞，基层领导作风偏激、言语粗鲁、不关心员工的情绪等问题。

通过倾听员工的心声，认清问题所在，薛尔曼开始实施一套全面的沟通措施。感恩节前夕，薛尔曼和公司的最高主管亲手赠送火鸡给全体员工，隔天收到员工回赠的像一张报纸那么大的签名谢卡，上面写着：谢谢把我们放在心上。

4个月后，该公司的精神面貌焕然一新，展现出良好的团队精神，生产能力大幅度提高。

人非草木，孰能无情。作为领导者，仅仅依靠物质手段激励员工，而不着眼于员工的感情生活，那是不够的，与下属进行思想沟通与情感交流是非常必要的。现代情绪心理学的研究表明，情绪、情感在人的心理生活中起着组织作用，它支配和组织着个体的思想和行为。因此，感情管理应该是管理的一项重要内容，这一点对技术创新型企业尤其重要。

人的关系是互动的。对员工施以真切的关怀，才能把关爱的激励作用发挥到极致——每个团队成员都会以百倍的热情加以回报。

2. 让每一位员工都感到他在团队里很重要

心理学家讲过一句话：一个人终其一生一直在不断地寻找，是在寻找重要感。重要感是激励员工的一个很重要因素。

拿破仑讲过一句话，他说“誓为徽章而死”。徽章代表了团队至高无上的荣誉，所以只要能够帮助团队夺得这枚徽章，就代表了他是团队当中最重要的人，这就是荣誉感的魅力。

如何激发团队领导人的这种荣誉感，如何激发员工的荣誉感，让每一个人为了团队而战，为了团队的荣誉去争取更大成绩出来呢？这非常重要，所以领导者要想尽一切办法来满足员工的这种重要感。

玛丽·凯干了十几年的销售工作后，自立门户开了一家化妆品公司。刚开始，这个公司仅有 5 名雇员，然而短短几年之后，这家公司已拥有 5000 多名员工，分支机构遍布世界各地，年盈利 2 亿多美元。

很多人都惊讶于玛丽·凯的成功，认为她的化妆品公司发展神速。对此，玛丽·凯回答说：“尽管在其他人看来，我的成功是个谜，但在我看来，它并不神秘，因为我让每一位员工都感到他们在公司里很重要。”

在玛丽·凯看来，一般人只发挥了能力的 10%，能不能把他们另外 90% 的潜能发挥出来，是一个企业能否成功的关键。而发挥 90% 的潜能，关键是要“使他们感到他们很重要”。

使每一个员工都感到自己很重要，是玛丽·凯从实际工作中得到的一个启示。

多年前，玛丽·凯没有创业的时候，为了能同她工作的公司副总裁握手，玛丽·凯足足排了3个小时的队。终于轮到她了，副总裁同她握手、打招呼——但玛丽·凯却注意到：副总裁的眼睛并没有看着她，而是在瞧自己身后等候接见的队伍还有多长！

玛丽·凯说："直到今天，我一想起那件事就伤心。当时，我暗暗对自己说，假如有朝一日成为被人们朝觐的人，我一定要把注意力全部集中到我面前与我握手的人身上。"

这一天终于来到时，玛丽·凯总是尽力使每一个人感到自己很重要。

有人曾问她："你这样做难道不累吗？"

"当然，我往往累得精疲力竭。"玛丽·凯回答说，"但我从不改变初衷，因为我知道被人冷遇是什么滋味。在那次遭冷遇之后，我很长时间都打不起精神做事，它太伤我的心了。所以在任何时候，真心地肯定一个人、认可一个人都是至关重要的。"

在玛丽·凯的化妆品公司，每年都要为当年的销售状元举行一次集会。专门租借一个体育场召开表彰大会，请一些演艺明星，让销售状元和明星同乘一辆车，徐徐进入会场，与此同时，全场的员工一起大声呼喊销售状元的名字。这种至高无上的荣誉感激励着其他员工向着销售状元的目标努力。也使所有员工感到了这个团队对于优秀员工重要性的肯定。

正如玛丽·凯所说："你要是能使一个人感到他很重要，他就会欣喜若狂，就会发挥出冲天的干劲，小猫就会变成大老虎。"

玛丽·凯的成功充分证明，只有满足员工的重要感，才能真正激励员工，使员工自觉自发地为公司的整体利益服务。在工作中，员工被重视的愿望一旦破灭，或被无情剥夺，员工就会失去工作的动力，就不会自发、自觉地去努力。严重的甚至会导致员工与企业的对立。

那么，怎样做才会让员工感到自己在团队里很重要呢？管理专家认为只要经理人从下面几点入手，用心去做便可实现。

首先是倾听员工的意见，让员工知道你尊重他们的想法，让他们发表自己的见解；其次是既要员工承担责任，又要向他们授权，不授权会毁掉员工的自尊心；最后，应该用语言和行动明确地告诉员工你赞赏他们。

作为一名团队经理人，必须让每一位下属都感到自己是公司里很重要的一员。因为只有当员工感到自己被重视，体会到自己的个人价值时，才会发挥出自己的全部才能，推动企业发展。

3.塑造独具特色的团队文化

团队文化又称企业文化、组织行为或管理文化，是团队组织存在并延续发展的价值观念、行为模式及思维活动本质特征的总和。团队文化是组织结构中的实质。换句话说，团队文化是组织的生活方式，它使组织独具特色，与其他组织相区别。

团队文化是指团队成员在长期互相协作、完成任务的过程中形成的共同价值观、工作方式、行为准则的一种集合体。或者说，团队文化是一种意识，是团队领导人和其成员在长期合作过程中不断磨合、磋商、积淀形成的产物，是一种有意识的活动，它已经同化为各个团队成员的惯性行为。如何促使这种惯性行为来提高团队绩效呢？归根结底要建立一种优秀的团队文化。优秀的团队文化具有号召力，能够将形形色色、不同背景的成员统一起来，为了组织共同的目标奋斗前进。

团队文化对于组织的意义如同空气之于人，没有文化支撑的团队，如同丢了灵魂的人和丧失了精神的民族。毫不夸张地说，团队中的一切现象，不管是无形的精神（如员工的工作士气），还是有形的物质（如组织中的设施、产品等），无不与团队文化密切相连。

海尔集团总裁张瑞敏曾说过："企业的文化就是企业的灵魂，是道，是无形的，却是最重要的。"一个团队，组织框架是骨骼，文化是其灵魂，没有灵魂的团队，好比一部缺少润滑剂的机器，磨合往往出现故障，效率不高，内耗甚多，管理成本较高。

可以说，团队文化决定着团队的生存和发展。

企业文化形成竞争力

小汤姆·特里·迪尔和阿伦·肯尼迪通过持续关注那些“有助于公司始终保持杰出的业绩”的因素，对22家公司进行系统的研究后，在《企业文化》一书中指出：适应性强的企业文化是强有力的调节手段，企业文化素质的高低是形成企业竞争力的关键所在。对世界500强企业的调查也表明，这些企业出类拔萃的关键是具有优秀的企业文化，其令人注目的技术创新、体制创新和管理创新根植于其优秀而独特的企业文化。企业文化是其闻名于世的根本原因。

文化是企业发展的深层推动力。在当今时代，企业的发展比任何时候都更呼唤文化的支持。任何一家想成功的企业，都必须充分认识到企业文化的必要性和不可估量的巨大作用，在市场竞争中依靠企业文化来带动生产力，从而提高企业的竞争力。有文化的企业未必都能成功，但没有文化的企业注定不会成功。

谁拥有文化优势，谁就拥有竞争优势、效益优势和发展优势。企业文化是一种力量，随着知识经济的发展，它对企业的兴衰将发挥着越来越重要的作用，甚至是关键性的作用。企业之间的竞争，最根本的是文化竞争。优秀而独特的企业文化，是企业不断发展壮大，立于不败之地的沃土。

国际商用机器公司要求每位成员都遵循三项基本的原则：尊重个人，争取最优，提供优质服务。这三条原则经过长期不懈的坚持，就形成了适合这个公司的企业文化。该公司的每一任经理对所有雇员一视同仁，任何下属，除非他或她一贯达不到明确的标准或违犯道德准则，否则他们将不会失去工作。白领、蓝领在这个公司没有什么差别。

国际商用机器公司以其可信赖的服务闻名遐迩，并通过对提供这种服务的员工——销售代表的重视突出了公司对服务的承诺。

公司经理告诫每位员工，荣誉是建立在个人业绩基础上的。该公司的这一制度是为了鼓励做出成绩的人员，经理制定实际的目标，慷慨地奖励那些实现目标的下属。

国际商用机器公司正是因为把适合该公司的企业文化搞得好且做到了随时代变迁而变化，终于使公司保持了百年历史而长盛不衰。

任何一个企业持续发展都要依靠其核心竞争力，核心竞争力来自于技术，技术又源于管理，而管理靠的是企业文化。没有企业文化，就谈不上核心竞争力。先进的企业文化能够提高效率，减少费用支出，节约成本，提升品牌的含金量，增加产品的价值，从而增强企业竞争力。

价值观是企业文化的核心

企业文化是企业成员共有的价值观，团队文化就是团队成员共同的价值观。如果把企业视作一个大团队，则这两个价值观是统一的。

价值观是企业文化的核心，是企业组织的基本思想和信念。具有强烈文化氛围的企业内部都存在着为员工们所共同拥有的价值观。

许多企业在快速发展、面对不同的变化和挑战时，员工的思维和行为常常无所适从或难以形成合力，这正是由于企业没有形成价值观而导致的。企业在成长过程中，要尽早确定自己的价值观，用企业的价值观来同化每一位员工，从而协调统一企业的所有行动。比如英特尔公司就是其中较为典型的一个。

英特尔公司的每个员工都挂着写有公司价值观的胸卡，卡上显示："最重要的是我们的六条价值观已深入员工内心。"在公司价值观的引导下，

“技术偏执狂”们变成了“英特尔人”，所以英特尔才能一直保持着业内的领先地位。

众所周知，英特尔公司是一个技术驱动型的公司，不停地更新技术，驱动企业前进。在这样的企业中，企业价值观仍然重要吗？它的作用有多大？英特尔公司的确是靠不断推出更好、更新的产品占领市场的，但仔细想一下，产品是靠技术支撑，技术是由人掌握的，人又靠什么支撑呢？靠价值观。所以说，企业的成败是基于人的价值观念。

英特尔的六条价值观就起到了指引员工努力方向的作用：倡导“结果导向”、要有“冒险精神”，因此，他们总是做得比竞争对手更快、更好。试想一下，如果没有大家都认同的价值观，一大群“技术偏执狂”在一起会怎么样？

价值观是企业文化的核心，因而，要打造一个卓越的企业，首先就要塑造卓越的价值观念。

总之，一个团队只有形成了自己独特的团队文化，才会在激烈的竞争中立于不败之地，才会使团队做大做强，永续健康地发展。

4. 让员工为团队感到自豪

团队自豪感是团队里的每位成员都会拥有的一种成就感或满足感，这种感觉集合在一起，就成为了这个团体战无不胜的战斗力。

每位成员都希望拥有一支光荣的团队，而一支光荣的团队往往会有自己独特的标志。如果缺少这种标志，或者这种标志遭到损坏，员工作为团队成员的自豪感就会荡然无存。无数事实说明，团队成员的自豪感，正是成员们愿意为团队奉献的精神动力。

让员工以企业为荣

一个企业要办好，必须让员工以企业为荣，树立起荣耀感、归属感。艾柯卡是美国商界一位传奇人物。在美国，他的名字几乎是家喻户晓。他曾任福特公司总裁，后来是克莱斯勒汽车公司的总裁。在经历了许多人生波折及事业坎坷之后，他领导的克莱斯勒公司在全美的汽车行业中与其他两大霸主形成了鼎足之势。他曾说过这样一句话："我要让所有的人都知道，他们是在优秀的企业中工作，我相信荣耀感与归属感会创造辉煌。"作为总裁，他相信，员工对自己所从事的事业的热爱是他们工作的原动力，当每个员工说出我是克莱斯勒的一员时，他们都有一种主人翁的荣耀感。

员工的荣耀感是他们主人翁精神焕发的感情基础，它来源于你对员工感情的重视程度与方式。

如果员工们以团队为荣，处处为团队着想，员工们就会自发地从各个方面去做好自己的工作。

麦当劳是人人皆知的。麦当劳的一家连锁店的经理说："公司如果名扬四海，遥遥领先，那么你的员工会感到你们都成了明星，而他们也会像明星那样工作。员工的荣耀感与主人翁精神需要你对他们的关怀，同时也来自于企业所创造的一个个成绩，以及所赢得的一个个声誉。"

在麦当劳工作的员工遍布世界各地，他们鲜艳的制服、敏捷的身手、饱满的热情，会让你在吃快餐的同时，领略到一种企业团队文化。员工们工作的荣耀感也深深感染着每一位顾客。

似乎每一位员工都深切地懂得那个 M 型字样代表着什么含义，因为身处的企业是最大的快餐店，也是有着最多连锁店的大型企业集团，所以自己也应该以最好的服务来为之奉献。

荣耀感确实是可以培养的，无论是以自己是克莱斯勒一员而感到荣耀的员工，还是以自己是麦当劳一员，而由衷感到荣耀的员工，都可以看出他们满满的荣耀感、归属心，要想培育员工对企业团队的荣耀感和归属心，必须从小处做起，鼓励他们发自内心地去做，这样的务实行为才是团队领导者所希望看见的。

唤起员工的自豪感

人们愿意为工作、为自己、为和自己相关的事业而自豪。因此，团队管理者要在企业里实施人性化管理，在企业里强化亲和力和向心力，以此来增强员工自豪感和归属感，激发员工的积极性、主动性、创造性。当员工为自己的企业感到自豪时，则员工无往不胜，企业无往不胜。

IBM 公司之所以能够名扬四海，经久不衰，重要的秘诀之一是注重调动员工的积极性，不断增强企业的凝聚力。他们认为，人是企业中最宝贵的财富，IBM公司把使全体职工能够发现自己所从事的工作的乐趣和价值，能够从工作中享受到一种成就感作为目标。

IBM公司为了充分调动员工的积极性，提高员工的自豪感，采取了各种奖励办法，既有物质的，也有精神的，从而使员工将自己的切身利益与整个公司的荣辱联系在一起。

例如，该公司有个惯例，就是为销售业绩优秀的销售人员举行隆重的庆祝活动，公司里所有的人都参加“100%俱乐部”举办的为期数天的联欢会，而排在前几名的销售人员还要荣获“金圈奖”。

为了表示这项活动的重要性，选择举办联欢会的地点也很有讲究，譬如到具有异国情调的百慕大举行。

有一个曾获得过“埃米”金像奖的电视制片人参加了该俱乐部1984年的“金圈奖”颁奖活动。他说IBM组织的每日“轻歌剧表演”具有“百老汇”水平。当然，对于那些多次荣获“金圈奖”的人来说，就更增加了自豪感。有几个“金圈奖”获得者在他们过去的工作中曾20次被评选进入“100%俱乐部”，因此，在颁奖活动期间，会分几次放映有关他们本人及家庭的纪录片，该片每人约占5分钟左右，质量与正规制片厂的质量不相上下。颁奖活动的所有动人情景难以用语言描绘，特别应指出的是，IBM公司的高级领导自始至终参加，更激起人们的热情。

虽然IBM组织这种活动耗资很多，然而，其调动员工主人翁积极性的作用却是巨大的，很多人为自己能够在IBM公司工作而感到非常荣幸和自豪。这就是IBM公司高人一等的远见。

让员工爱上自己的企业，让他们因为在这个公司工作而感到自豪，让他们感觉到这个公司是自己的，让他们感觉到受重视，使他们具有更高的工作热情，才是企业长青的秘诀。

5. 激发员工和团队的热情，打造一个充满激情的团队

富有激情的员工能为公司带来意想不到的价值，富有激情的团队及企业文化是企业最有力的竞争武器之一，也是竞争对手最难抄袭、最难克隆的。这一点，几乎是世界所有优秀企业的共识。但是，团队的激情不是从天而降的。

要让团队有激情，首先要有激情勃勃的员工。

“卖鱼，卖鱼，卖会飞的鱼！新鲜的鱼，会陪你聊天的鱼，快来买啊！”一个充满生机的鱼市场，一阵阵热情洋溢的吆喝声，一条条活蹦乱跳的鱼飞到了顾客指定的地点。

这是美国作家史蒂芬所著《会飞的鱼》一书中的卖鱼场面。本书中的主人公玛西雅来到肯尼街鱼市场，依靠从那里学来的工作哲学，改变了整个团队成员的工作态度，在很短的时间内使没有活力的销售部门脱胎换骨，变成了一支具有激情与活力精干的超级团队，并使公司扭亏为盈。

激情和活力是团队的灵魂，要想把企业或团体建成一支具有激情与活力的团队，作为团队的领导，要做的第一件事就是，激发员工和团队激情，让员工对他所做的工作充满热情，让他喜欢上这份工作，这比任何激励方式都更为有效。

点燃员工的热情之火

美国通用食品公司总裁C·弗朗克说："你可以买到一个人的时间，也可以买到一个人到指定的工作岗位，还可以买到按时计算的技术操作，但你买不到热情，而你又不得不去争取这些。"唯一使人永无止境追求的是热情，热情是火，可以点燃干柴，可以融化冰雪。作为团队的领导者，要知道如何去点燃团队成员的热情之火。

休斯·查姆斯在担任"国家收银机公司"销售经理期间，该公司的财政发生了困难。这件事被负责推销的营销人员知道后，影响了营销人员的士气，营销人员因此失去了工作热情，销售量开始下跌，到后来，情况越来越严重。休斯·查姆斯不得不召集全体销售人员开会。

会议开始后，他首先请手下最佳的几位销售员站起来，要他们说明销售量为何会下跌。这些销售员在被唤到名字后，一一站起来，每个人都有一段最令人失望的悲惨故事向大家倾诉：商业不景气，奖金缺乏，人们都希望等到总统大选揭晓之后再买东西等等。当第五个销售员开始列举使他无法达到平常销售配额的种种困难情况时，查姆斯先生突然跳到了一张桌子上，高举双手，要求大家肃静。然后他说道："停止，我命令大会暂停10分钟，让我把我的皮鞋擦亮。"

随即，他让坐在附近的一名黑人小工友把他的擦鞋工具箱拿来，并要这名工友替他把鞋擦亮，而他就站在桌子上不动。

在场的销售人员都惊呆了，以为查姆斯先生突然发疯了。员工们相互之间开始窃窃私语。在此同时，那位黑人小工友先擦亮他的一只鞋子，随后又继续擦另一只鞋子。他不慌不忙，动作简洁利落，表现出一流的工作技巧。

皮鞋擦完之后，查姆斯先生给了那位小工友一毛钱，然后开始发表他的演说。

“我希望你们每个人，”他说，“好好看看这个黑人小工友。他拥有在我们的厂区及办公室内擦皮鞋的特权。他的前任是位白人小男孩，年纪比他大得多，尽管公司每周补贴他5元的薪水，而且工厂里有数千名员工，但他仍然无法从这个公司赚取足以维持他生活的费用。

“这位黑人小男孩不仅可以赚到不错的收入，既不需要公司补贴薪水，每周还可以存下一点钱来，而他和他前任的工作环境完全相同，也在同一家工厂内，工作的对象也完全相同。

“我现在问你们一个问题：那个白人小男孩拉不到更多的生意，是谁的错？是他的错，还是他的顾客的错？”

那些推销员不约而同地大声回答说：“当然了，是那个白人小男孩的错！”

“正是如此。”查姆斯回答说，“现在我要告诉你们，你们现在推销收银机和此前的情况完全相同：同样的地区、同样的对象，以及同样的商业条件。但是，你们的销售成绩却比不上一年前。这是谁的错？是你们的错，还是顾客的错？”

同样传来了响亮的回答：“当然，是我们的错！”

“我很高兴，你们能坦率承认你们的错。”查姆斯继续说，“我现在要告诉你们，你们的错误在于，你们听到了有关本公司财务发生困难的谣言，这影响了你们的工作热情，因此，你们就不像以前那般努力了。只要你们回到自己的销售地区，并保证在以后30天内，每人卖出5台收银机，那么，本公司就不会再发生什么财务危机了，以后再卖出去的，都是净赚的。你们愿意这样做吗？”

大家都说愿意。

事后，大家果然都这样做了，并实现了预期的目标。

这件事情记录在国家收银机公司的历史上，名称就叫“休斯·查姆斯的百万美元擦鞋”。休斯·查姆斯以他的激情，焕发了销售人员的热情，使相同的人发挥了不同的能量。该事件扭转了销售连续下滑的局面，使国家收银机公司走出了困境。

热情是任何东西都替代不了的。一个团队的队员充满热情，整个团队都会精力充沛，而这种充沛的精力又会产生意想不到的力量。曾在成功学方面著书立说的专家邓尼斯·韦特利说：“热情有传染力。当一个热情的人出现时，其他人就很难再无动于衷保持冷漠。”当你将热情者组成一个团队时，这个团队的能量将是无穷的。

激情领导是团队建设的成功体现

激情领导者犹如指挥家，企业在他的指挥棒下时刻充满壮美与激情！

企业发展到一定时期，领导遇到的最大问题是如何让公司上下充满激情，许多企业家试图通过改变员工而让整个企业充满激情，效果往往并不明显。创造一个充满激情的团队、一个激情的企业前提是要有一个激情的领导。

网上一度流传着这样一段“猴人”录像：地动山摇的音乐声中，一个六英尺高、秃顶、大脑壳的男人跳上舞台，挥舞着手臂，上蹿下跳，不时像猴子一样仰天长啸，“Woope, Woope……”台下掌声应着呼声，沸腾成一片……这位仁兄可不是脱口秀明星，他乃是大名鼎鼎的史蒂夫·鲍尔默，微软 CEO。台下扭动着身躯、鼓掌叫好的正是微软的数万员工，而此场景正取自一次普通的微软会议。40 秒钟之后，他终于跳到讲台后，嘶哑着喉咙喊道：“我有四个字送给大家。”全场静了下来。“I——love——this——

company！ yesssssss！”又招来一阵狂热的呼声……

“I love this company!”史蒂夫·鲍尔默逢会便以此开场。为表达对微软的热爱，他从不吝啬自己的能量。即使几年前因为在日本大叫“Windows”，喊坏了嗓子不得不接受治疗，也丝毫未能降低他的音量。会后，一位供职微软的年轻人在论坛上感慨：“我被我们的CEO鼓动得热血沸腾，那时候如果让我去为微软撞砖墙，我都会毫不犹豫。”虽然夸张，却道出史蒂夫·鲍尔默传播激情的功效。

激情领导的激励方式是播种机，一个企业要想保持长久的激情，领导者必须保持一贯的作风，善于发现管理中出现的问题，及时推动流程变革，将激情的种子像播种机一样撒播在企业的各个团队之中。

激情领导是团队建设的成功体现。对一个部门来说，不能是一个人来倡导一种文化，要在整个企业倡导一种激情的文化。仅是个人的激情，好像仅有一团火，但周围的人若拿水来浇，这样的文化是推行不起来的。所以，激情领导的文化必须是一个企业团队的整体创造，是团队整体参与的结果。同时个人的努力对激情领导的推动起很大的作用，如果周围的人都很有激情的话，可以通过个人将所在部门的员工的激情提高到一个新的高度。

6.创造良好的团队工作氛围，有效提高员工工作积极性

一个令人愉快的工作氛围是高效率工作的一个很重要的影响因素，快乐而受尊重的气氛对提高员工工作积极性起着不可忽视的作用。如果在工作的每一天都身处毫无生气、气氛压抑的环境之中，那么员工怎么可能会积极地投入到工作中呢?

什么样的工作氛围才算是令人愉快的，并能够促使员工积极工作呢?

良好的工作氛围是自由、真诚和平等的，就是在员工对自身工作满意的基础上，与同事、上司之间关系相处融洽，互相认可，有集体认同感，充分发挥团队合作，共同达成工作目标，在工作中共同实现人生价值的氛围。在这种氛围里，每个员工的工作在得到他人承认的同时，都能积极地贡献自己的力量，并且全身心地朝着组织的方向努力，在工作中能够随时灵活方便地调整工作方式，使之具有更高的效率。

优秀的企业，都非常注意工作氛围的塑造，这种氛围不仅是指良好的工作环境，更重要的是团队成员的心理契合度，团队成员彼此充分信任和合作，是塑造良好工作氛围的关键。

良好的工作氛围是形成员工共享价值观的基础，如果没有良好的工作氛围，那么团队成员之间就没有充分的信任与沟通，就无法敞开心扉进行经验交流和学习，就会有所顾忌和保留，这是不利于个人潜能的发挥的。

而且，工作氛围也是一个团队高效运作的保障，没有好的工作氛围，也就无法保证企业的持续发展。

那么，如何才能创造一个良好的、令人愉快的工作氛围呢?

营造良好的团队工作氛围要从三个方面入手：

（1）团队领导的管理意识形态，管理方式方法，管理的风格，是否具备人性化的引导，是否能很好地淡化官僚主义作风，是否能换位思考，是否了解成员性格、兴趣及对其的控制能力等等，在团队领导管理素质上下工夫。

（2）从内部着手，是否使员工的目标和团队目标一致，是否使员工之间达成共识，建立通畅的沟通渠道；是否扩大了工作能动性，丰富并使成员之间工作职责既明确又具备有效的协调性、能动性；是否及时处理了成员的矛盾，建立有效的反馈机制等方面。

（3）从外部着手，通过不断合理地提高团队目标，提升竞争对象来促进团队自觉向学习型团队靠近，同时，从及时有效的激励跟进等多方面入手使整个团队有共同进取的共同目标，有不断增值的要求，有高效迅速的目标分解沟通反馈渠道，有明确的职责范围但又具备高度的协调机动性。

一个企业有良好的团队氛围，员工工作起来就很轻松愉快，这样就会努力地为企业工作，如果一个企业没有良好的工作氛围，要想员工有积极性，那是不可能的，现在的很多企业就是缺乏良好的团队工作氛围，员工每天工作都是在一种紧张的环境中，工作效益就可想而知了。

没有良好的工作氛围，哪来积极而有创造性的员工?没有积极而有创造性的员工，哪来持续提高的生产率?

管理者如果能够掌握创造良好工作氛围的技巧，并将之运用于自己的工作中，那么管理者将会能够识别那些没有效率和降低效率的行为，并能够有效地对之进行变革，从而高效、轻松地获得有创造性的工作成果。

7.把握团队管理中的公平原则，公平地对待每一个成员

在日常的团队管理中，公平原则往往被忽视，由此造成的人才流失、团队凝聚力下降、组织目标难以实现的现象屡见不鲜。

公平体现在企业管理的各个方面，如招聘时的公平、绩效考评时的公平、报酬体系的公平、晋升机会的公平、辞退时的公平，以及离职时的公平等等。公平是每个诚实的员工都希望企业具备的特点之一。公平可以使员工踏实地工作，使员工相信付出多少就会有多少公平回报在等着他。公平的企业使员工满意，使员工能够心无杂念地专心工作。

团队管理应遵循公开、公平、公正原则。如何把握公平原则，充分调动每个成员的积极性，是团队管理者要面对的首要课题。

不容忽视的公平理论

小刘去年进入一家小有名气的外资企业。这家公司实行了工资保密制度，一般情况下，员工之间相互都不知道彼此的收入。小刘对这份工作还是很满意的，一方面公司人际关系和谐，气氛轻松，工作虽累却很舒心；另一方面就是薪水也不错，底薪每月8000元，还有不固定的奖金。

小刘一门心思扑在工作上，经常加班加点，有时还把工作带回家做，而且确实取得了显著的成效。同事们都很佩服他，主管也很赏识他。

年终考核，人力资源主管对小刘的工作予以了高度评价，并告诉小刘公司将给他加薪 15%。听到这个消息，小刘高兴极了。这不仅是钱的问题，也是公司对他业绩的肯定。

同年进入公司的小王却高兴不起来，因为他今年的业绩并不好，午饭时两人聊了起来，小王唉声叹气地说："你今年可真不错，不像我这么倒霉，薪水都加不了，干来干去还是 8900 元，什么时候才有希望啊。"

猛然间，小刘意识到，原来小王的底薪比他高 900 元。他对小王并没有意见，可是他想不通，即使不考虑业绩，两人同样的职务，小王的学历、能力都不比他强，为什么工资却比他高这么多呢？他不仅感到不公平，而且有一种上当的感觉：我一直以为自己的工资不低了，应该好好干，原来别人的工资都比我高。

起初小刘对自己的工作和薪酬都相当满意，并且工作努力。可是，他工作了一年后，却发现了与他一起进入企业且年龄、教育经历相当的同事小王，每月的底薪比他多了 900 元，他很失望，感到不公平。当员工心中存在某种不公平的感觉时，便会对工作不满意。

公平理论又称社会比较理论，它是美国行为科学家亚当斯提出来的一种激励理论。该理论侧重于研究工资报酬分配的合理性、公平性及其对职工生产积极性的影响。

亚当斯在进行大量调查的基础上，发现一个人对他所得的报酬是否满意不是只看其绝对值，而且要进行社会比较或历史比较，看相对值。通过比较，判断自己是否受到了公平对待，从而影响自己的情绪和工作态度 。

当人们感到报酬过低时，就会引发他们的不满。为了消除不满，恢复公平感，他们就有可能调整自己的行为表现。如请更多的病假，上班时迟到或早退，在工作中故意消磨时间，工作不努力，要求加薪，甚至对别人采取攻击性行为，以阻碍他人的正常工作。在极端的情况下，感觉报酬过低的员工会丧失对企业的忠诚，愤而辞职或跳槽。

公平理论给我们这样的启示：

（1）影响激励效果的不仅有报酬的绝对值，还有报酬的相对值。

（2）激励时应力求公平，使等式在客观上成立，尽管有主观判断的误差，也不致造成严重的不公平感。

（3）在激励过程中应注意对被激励者公平心理的引导，使其树立正确的公平观。一是要认识到绝对的公平是不存在的，二是不要盲目攀比，三是不要按酬付劳。按酬付劳是在公平问题上造成恶性循环的主要杀手。

把握公平，团结奋进

在团队管理中漠视公平原则，无疑是玩火自焚的短期行为。公平的尺度是制度。要保证公平，前提条件就是要保证制度的公开和公正。管理专家认为，把决策的事情公开化，在广泛听取团队成员意见的基础上再进行决策。坚持这一制度就可以保证决策公平，防止暗箱操作、个别人说了算。公开程度提高了，群众监督加强了，公平就有了可靠的保证。一个先进的工作团队应在人员管理和奖惩措施等方面都制定比较完备的制度，这些制度充分体现着公平原则，只要严格落实这些制度，就能满足团队成员渴望公平的心理需求，起到公平的激励作用。

造成不公平的原因，一是某些团队负责人独断专行，私心作怪，违背团队制度；二是制度不完善，尤其是对团队负责人的决策行为缺乏有效监督。

作为一个管理者，要运用公平激励方法，做到努力满足激励对象的公平意识和公平要求，减少和消除不公平现象。领导者要做到公平处事、公平待人，不搞好恶论人，亲者厚、疏者薄。对员工的分配、晋级、奖励、使用等方面，要力争做到公正合理。在日常工作中严格遵循公平、公正、公开的原则来推行制度并长期坚持。只有这样，才能确保激励制度的严肃性和激励效应的长期性，并防止出现由于执行中的不公平现象而挫伤员工积极性的情况。

8.立即行动是团队成员的基本素质，也是团队文化的具体体现

一个人的成功取决于他的行动，没有行动就没有结果，没有结果就不会成功。

在一堂团队培训课上，主持讲座的教授对学员说："想要赚钱的人请举手！"

学员们都举起了手。

教授又说："想让自己成为顶尖级人物的请举手！"

学员们也都举起了手。

教授接着又问："目前已做到的请举手！"

这回大部分人不再举手了。

教授笑了笑，问大家说："你们想成功想了多久？"

学员们齐声说："想了一辈子！"

"为什么还没有达到呢？"

有人回答说："我们只是想想而已。"

"这就是你们没有成功的原因。"教授说，"你们都有成功的想法，但你们不去行动，不去做，那怎么有可能成功呢？"

有了好的想法，去立即行动才是最重要的。如果有一个很好的发展机会，有一个宏大的目标，不去做，成功也不会从天上掉下来。李嘉诚在总结自己的成功经验时说：“决定一件事后，就快速行动，勇往直前去做，这样才会取得成功。”

从这个意义上说，将决策转化为行动是成功的第一步。好的管理团队要做到行动迅速，发现商机，并抓住商机。

1992年金秋，上海街头梧桐叶黄了，诱人的糖炒栗子满城飘香。某晚，酒足饭饱后，长住上海大方饭店的温州乐清五金机械厂朱厂长逛街去了，他把这种消闲称为“跑信息”，或者说“捡钞票”。拐出延安东路就是热闹非凡的大世界，一家食品店门口排长队买糖炒栗子的人们引起了朱厂长职业性的条件反射。这些年来，朱厂长悟出了一条发财真理：“凡是人群密集的地方，一定有财神爷在微笑。”

朱厂长开始仔细地观察，他发现急于尝鲜的上海人买了糖炒栗子后，都急猴似的咬着、剥着吃，而常常把栗子内核弄得四分五裂，一副狼狈相。

“能不能搞个剥栗器？”“信息发生器”在朱厂长的大脑里启动了。他迅速画出了剥栗器的草图，材料用镀锌铁皮，成本每只0.15元，出厂价0.30元……10分钟后，朱厂长推开了商店经理室的大门并说明了来意。经理认为：这是一项发明，顾客肯定欢迎，不过，上市要越早越好，两个月够不够？朱厂长笑了：两个月？我一个星期后就送上门。经理不相信：这审批、核价什么的，没两个月怎么行呢？

当晚，传真将剥栗器草图传回了朱厂长在温州家乡的工厂，一副模具两个小时就出来了，冲床开始运转。3天后，一卡车剥栗器涌进了大上海，大大小小商店门口的糖炒栗子摊主成了朱厂长的经销商。

朱厂长看到上海人剥板栗有困难，就在别人都还没有发现这一商机之时，立即用最快的速度去解决了人们的急需。

在快速变化的市场环境下，企业的行动已成为企业的核心竞争力。在某种程度上说：关键不在于你做什么，而在于你如何做，如何尽快地做好。

以往“大鱼吃小鱼”被视为常理，可是在信息社会的市场竞争中，有时不论大小而论快慢，“快鱼吃慢鱼”的事时有发生。有人曾形容说，美国人第一天宣布某项新发明，第二天投入生产，第三天日本人就把该项发明的产品投入了市场。加拿大将枫叶定为国旗的决议在议会通过的第三天，日本厂商赶制的枫叶小国旗及带有枫叶标志的玩具就出现在加拿大市场，行销火爆。作为“近水楼台”的加拿大厂商则坐失良机。人们把市场竞争中这种“不快即死”的现象称为“快鱼法则”。

在这个一切都与速度密切相关的时代，一个人如果不能立即行动，那么所有成功的机会都会溜走；一个企业如果不能顺应时势，因时而变，必将在竞争中遭到淘汰。

20 世纪 80 年代初期，四川成都有一家生产“海洋牌”洗衣机的大型企业，由于当时正处于国内洗衣机生产的初期，因该企业技术力量雄厚，洗衣机的质量比较好，因此，生产的洗衣机畅销市场，供不应求。

这时，企业领导层了解到国内洗衣机发展史后，深知洗衣机必须升级换代，由当时的半自动型向全自动型发展。然而在具体执行上，企业采取依靠自己的技术力量，自行研制全自动洗衣机的办法。

一晃几年过去了，研制还没有成功。而其他一些洗衣机生产企业，却采用引进国外先进技术的方法，迅速生产出全自动洗衣机投放市场，大受消费者的欢迎，如秋风扫落叶般扫掉了半自动洗衣机的市场份额。

生产“海洋牌”洗衣机的企业仅仅几年就走完了从脱销到滞销，再到关门倒闭的历程。该企业缺乏快速反应能力，使企业的产品随着时间的推移，而趋向于落后，最后被淘汰出局。他们失败的根本原因，就是没有做到快速的行动。

与这家洗衣机厂不同的是，有些企业在执行决策时不失良机，先下手为强，做出快速反应而大获成功。

当今时代是速度经济时代，激烈的市场竞争使时间的价值含量不断上升。越来越多的企业已经认识到了快速反应的重要性，它们用“第一速度”在“第一时间”里满足客户的需求，使自己在激烈的竞争中站稳脚跟。而有效的快速行动，正是做到这一切的前提和保证。所以，立即行动是团队成员的重要素质，也是团队的一种重要能力。一个团队如果不能应对外界发展形势的变化，立即采取行动，就会被迅速变化的市场甩在身后，被无情的市场淘汰出局。

9.创建学习型组织，提升企业核心竞争力

在1930年以前，英国工人送到订户门口的牛奶，奶瓶口既没盖子也不封口，因此，山雀与知更鸟这两种在英国常见的鸟，每天都可以轻松愉悦地喝到漂浮在奶瓶上层的奶油。后来，牛奶公司把奶瓶用铝箔装起来，借以阻止早起的鸟儿偷奶喝。没想到，大约在20年后的1950年，英国所有的山雀都学会了把奶瓶的铝箔啄开，继续喝它们喜爱的奶油，然而知更鸟却一直没学习到这套本领，它们自然也就没奶可喝了。

如同山雀的成长历程一样，企业的成长壮大也是一个不断学习的过程。可以毫不夸张地说，企业的每一项进步都是通过学习实现的。的确，科学技术日新月异，信息瞬间传递，新知识、新经验、新创举层出不穷，每天大量的知识奔涌而来。面对这一切，学习能力就要增强，只有这样才能适应变化的新时代。因此，现代企业的领导者又有了一个新的责任，那就是打造学习型团队。一个不能积极学习的团队，无法面对激烈复杂的市场竞争，更无法适应多变的商业经营模式。

建立学习型组织是企业发展的主旋律

企业要在竞争激烈、技术进步一日千里的知识经济时代生存与发展，

必须不断学习，顺应形势变化，任何忽略知识管理的企业都将丧失探索商业和技术新前沿的机会。

正如《第五项修炼》的作者彼得·圣吉所说："学习智障对孩童来说是个悲剧，而对组织来说，可能是致命的。"

1983年，壳牌石油公司的一项调查表明：1970年名列《财富》杂志"世界500家大企业"排行榜的公司，有1/3已经销声匿迹。在这一嬗变中，大部分公司失败的原因，就在于组织的智障妨碍了组织的学习及成长，使组织被一种看不见的巨大力量侵蚀，甚至吞没了。

据统计，1918～1988年70年中，1918年的美国企业百强只有39家在1988年还"健在"，仍能上百强榜的只有18家，经营状况好的只有寥寥3家。这说明，一个经久不衰的企业成功的法宝不是先做大再做强，而是先做强再做大，要想做强，就需要企业永远充满活力，学习就是最好的润滑剂。

现在，建立学习型组织已经成了企业发展的主旋律。中国香港光华管理学院教授张声雄在一篇文章中说：学习型组织的建立，是企业一种核心能力的形成。反过来，核心能力积累的关键也就在于创建学习型组织，在不断修炼中增加企业的专用性资产、不可模仿的隐性知识等。在美国排名前25位的企业中，80%已经按照学习型组织管理理论进行了企业再造；在世界排名前100位的企业中，已有40家（包括福特、微软等）公司进入了建立学习型企业的轨道；我国的宝钢集团、海尔集团等大型企业集团，也开始注重学习型企业管理模式，不断地培养和积累企业的核心能力。因此，建立学习型组织已成为企业发展的主旋律，对于21世纪的企业来说势在必行。

美国著名未来学家约翰·奈斯比特早在1983年就大胆预言："我们已经进入了一个以创造和分配信息为基础的经济社会。"随着科学技术（尤其是计算机、通讯等信息技术）的迅猛发展、因特网的横空出世和飞速壮大，信息社会已经在我们眼前，越来越多的企业意识到：组织学习对于现代企业至关重要。它不仅是企业的一项重要职能，更是为全面提升企业竞争力提供了先决条件，并成为组织生存和发展的前提与基础，对于企业的成败兴衰具有举足轻重的影响。

美国《财富》杂志指出："未来最成功的公司，将是那些基于学习型组织的公司。"学习型组织是企业未来发展的趋势，一个企业只有当它是学习型组织的时候，才能保证有源源不断的创新，才能具备快速应变的能力，才能充分发挥员工人力资本和知识资本的作用，也才能实现企业满意、顾客满意、员工满意、投资者和社会满意的最终目标。未来成功的企业必然是学习型的企业。

学习能力才是最大的竞争优势

企业核心竞争力的培养和提升离不开知识的创新、积累、转移和共享，这就要求企业应该成为一个学习型组织和知识型组织，在不断修炼中增加企业的专用性资产和隐性的不可模仿性知识等。

在产业结构突变、游戏规则重写的新竞争时代，雄厚的资源和强大的规模并不能保证企业能够在市场中获得生存和发展的机会，学习的能力才是突破生存的不利格局、实现永续发展的根本，只有重视学习、用心学习，企业才能适应这个已经发生了重大变化的市场，才能获得竞争优势。

壳牌石油公司的企划主任德格说："唯一持久的竞争优势，就是比你的竞争对手学习得更快的能力。"

如果你能比别人学得更快，学得更好，更有创新力，你就能在市场上有竞争力。学习能力是一家企业的竞争力之源。

美国通用电气公司迈向成功的过程，是一个创建学习型组织的过程。20 世纪 70 ~ 80 年代，美国的企业因经济的疲软和不断增长的全球竞争压力而步履艰难。对于美国通用电气公司来说，多年僵化的等级森严的组织体系和传统的泰勒制管理模式正在逐步消磨掉这家传统企业的活力。

杰克·韦尔奇入主公司第八任首席执行官后，与其同仁发起了一场思想和智慧超越传统和层级的创建学习型企业运动。20年后，美国通用电气公司的年净利润达到127亿美元，名列美国《财富》“世界最受赞赏的知识型企业”和全美十大最受推崇企业首位。

韦尔奇在即将离任之前的年度大会上自豪地宣称，美国通用电气公司成为一个不断学习的公司，一个士气高昂、充满好奇的企业。对于学习型企业的创建经验，他说：“我们的行为是由一个最根本的核心所支配的，一个组织从所有源泉学习的欲望和能力——以及迅速把这种学习转换成行动的做法——这是它最终的优势。”

企业核心竞争力的本质是知识，而知识又与其他资源不一样，任凭权力再大、财富再多、武力再强，也掠夺不到它。因此，要不断地提升核心竞争力，就必须进一步提高自己的学习能力，而且这种学习能力还必须比竞争对手更强、更快，否则核心竞争力所创造的竞争优势迟早会被稀释分解。

现代企业之间的竞争已经演变成为学习能力的竞争。产品的推陈出新、技术的改进、成本的降低，归根结底都有赖于学习。一家企业，全体员工都具有不断学习的能力，企业的核心竞争力才会得到有效的提升。